JN485514

독일 통일 15년의 작은 백서

고려대학교 교양총서 5

독일 통일 15년의 작은 백서

이기식 지음

고려대학교출판부
KOREA UNIVERSITY PRESS

머리말

독일 통일은 실패했다. 이렇게 단정해도 좋을 것이다. 동독과 서독을 가로막았던 국경선은 1990년에 사라졌지만, 여전히 그 국경선은 눈에 보이지 않는 형태로 존재하기 때문이다. 더욱이 그 국경선은 가까운 장래에 사라질 가능성이 없다.

독일 통일은 실패했다. 통일의 주요 목표인 동독 재건이 예상을 완전히 빗나갔기 때문이다. 서독인과 동독인들 모두가 통일 후의 상황에 대해 못마땅하게 생각한다. 서독인들은 통일 후 세금을 더 많이 내게 돼 불만스럽다. 그리고 언제까지 동독을 위해 세금을 더 내야 하는지 막연하기만 하다. 동독인들 역시 통일 당시의 행복감은 잃어버렸고, 현재와 미래의 불안감이 그 자리를 대신 차지했다. 이제 동독인들은 서독에 속았다는 생각을 한다.

독일 통일은 실패했다. 통일 당시 동독인들의 행복의 눈물은 오래 전에 절망의 피눈물로 바뀌었기 때문이다. 독일 국기를 흔들며 베를린 장벽 위에서 밤새 흘렸던 눈물은 벌써 고통과 회한의 피눈물로 변했다. 현재 수많은 동독인들이 울고 있는 이유는 간단하다. 일자리가 없기 때문이다. 그리고 이들이 가까운 장래에 일자리를 찾을 가능성은 희박하다. 그들은 다시 길거리로 나서서 데모를 한다. "호네커한테도 속고 콜한테도 속았다"고 외치는 사람들이 급증했다. 더불어 외국에 원인을 돌리는 극우파 세력도 커졌다.

독일 통일은 실패했다. 동독인들이 계속해서 고향을 등지고 서독으로 향하고 있기 때문이다. 이제는 서독뿐 아니라 오스트리아, 네덜란드, 덴마크 등 온 유럽으로 일자리를 찾아 떠난다. 더욱이 대학을 마치고 자격증을 가진 젊은이들 대다수가 서쪽으로 향한다. 고향에서 일자리를 구할 가능성이 거의 없기 때문이다. 서쪽으로 이동하는 행렬에는 여성들의 수가 더 많다. 모두가 "황금의 서부"에서 새로운 인생을 시작하려고 한다. 새로운 게르만족의 대이동은 일시적이 아니라 통일 이전부터 지속적으로 진행되고 있었고, 앞으로도 방향이 바뀔 가능성은 없다.

독일 통일은 실패했다. 동독은 한국의 농촌과 같기 때문이다. 쓸 만한 젊은이들은 너도 나도 고향을 떠난다. 남아 있는 이들은 객지에서 일자리를 구할 능력이 없는 사람들이거나 노인들뿐이다. 이들 중 47%가 각종 연금이나 생활보조금으로 생활하고 있다. 서독에서 지원되는 천문학적인 지원금의 상당 부분이 이렇게 소비되고 있다. 이들은 물가 상승에 놀라고 허술한 치안에 두려워한다. 이들에게 미래는 희망이 아니라 절망이다.

독일 통일은 실패했다. 바닥에 떨어진 동독 경제 상황이 나아질 기미가 보이지 않기 때문이다. 오랜 역사를 지닌 수많은 동독 기업들은 통일 후 문을 닫았다. 새로운 기업들이 하루아침에 생겨나 사람들이 동독으로 몰려올 가능성은 전무하다. 유능한 인력은 대개 서쪽으로 떠나고 없는데, 사람 없는 곳에 굳이 공장을 세울 이유가 없다. 더욱이 이런 상황은 유럽연합이 확장되면서 더욱더 나빠져만 간다. 동독인들이 새로운 기업을 만들기에는 돈도, 기술도, 경험도 턱없이 모자란다.

동독은 완전히 서독에 의존하고 있다. 동독 때문에 독일 경제 전체가 어려워지고 있다. 너무 많은 돈을 동독에 쏟아 부었기 때문이다. 게다가 서독 기업들은 고임금을 견디다 못해 외국으로 떠나고 있다. 독일 노동자들의 임금은 계속해서 줄어들고 사회보장제도는 축소된다. 잘못된 통일정책의 결과이다. 오랫동안 "유럽의 병자"였던 독일의 경제가 2006년에 모처럼 좋아져 모두가 희색이 만연하다. 경제성장률이 2.5%에 이르고 실업률도 낮아졌기 때문이다.

독일 경제가 모처럼 좋아진 것은 세계 경제의 활황과 슈뢰더 정권의 개혁 덕분이다. 모처럼 경제가 좋아지자 실업자는 앞으로 1백만 명 정도가 더 줄어 2008년에는 340만 명이 되고, 정부의 균형예산도 2010년부터는 가능할 것이라고 독일 정부는 장밋빛 청사진을 내건다. 그런데 새로 일자리를 얻은 사람의 절반 정도는 비정규직이다. 비정규직은 1994년에서 2004년 사이에 무려 세 배가 늘었다. 그리고 전문가들은 이들 비정규직은 금방 1백만 명을 돌파할 것이라고 예견하고 있다.[1] 이들은 경제성장률이 나빠지면 또다시 실업 상태로 되돌아갈 것이다.

독일 통일은 실패했다. 누구의 잘못인가. 가장 큰 잘못은 정치가들에게 있다. 그중에서도 통일 수상으로 주목받았던 헬무트 콜이다. 그의 통일정책은 왜 실패했는가? 그 이유는 간단하다. 통일정책을 선거전략으로 이용했기 때문이다. 정치논리가 우선했고 경제논리는 뒷전이었다. 이제는 잘못된 정책을 추진했던 사람들도 물러나 버리고 책임질 사람마저 없다. 일대 변화가 없는 한 옛 슈퍼스타 독일은 몰락의 운명을 받아들여야 한다.

한국으로서 다행인 것은 독일이 먼저 통일을 했다는 사실이다. 독일에서 많은 것을 배울 수 있기 때문이다. 많은 한국인들에게 "꿈에도 소원은 통일이다". 그러나 통일은 꿈에서 이루어지는 것이 아니라 현실에서 이루어진다. 현실은 냉엄하다. 현실을 무시하면, 현실은 우리에게 엄청난 보복을 가한다. 우리는 그러한 예를 독일에서 본다. 정치가들이 통일정책을 선거전략으로 이용했고, 그들의 헛된 공약을 따지지 못한 대가로 동독인들의 눈에서는 회한의 눈물이 아직도 흘러내리고 있다. 통일 15년여가 지난 지금도 그 눈물은 마를 기미를 보이지 않는다. 이 눈물이 언제 마를지는 아무도 모른다. 그리고 서독인들의 한숨이 언제 멈출지 아무도 모른다.

차 례

| 제1장 |

동독 : 약속의 땅에서 절망의 나락으로

1. 뜻밖에 이루어진 통일

무엇을 갈망하고 무엇을 약속했나

통일 독일 수상인 헬무트 콜은 통일 분위기가 잔뜩 달아올라 있던 1990년 초 동독 사람들에게 큰 약속을 했다. 그것은 동독 사람들이 너무나 애절하게 바라던 소망이었다. 서독 수상의 약속을 듣는 순간 동독인들의 가슴은 벅차올랐다. 평생의 소원이 이제야 풀리는 듯했다. 너무도 엄청난 약속이라 의심도 들었다. 그러나 '부자 형님' 격인 서독 최고권력자의 약속이라 믿지 않을 수 없었다. 동독인들은 그 꿈같은 약속을 가슴에 끌어안고 마냥 행복해했다. 한번씩 더듬어 보고 꺼내 보고, 느즈막히 찾아온 생의 행복을 확인했다. 콜 수상이 당시 동독인들에게 했던 큰 약속은 한 가지, 동독의 복지를 서독 수준으로 끌어올리겠다는 것이었다. 그것도 5년 이내에.

1990년 초 동독의 겨울은 춥지 않았다. 뜨거운 선거 열기가 차가운 공기를 데웠기 때문이다. 역사상 처음 경험하는 자유선거로 모두가 들떠 있었다. 새로 구성될 동독 국회는 통일 문제를 다룰 국회가 아닌가. 동독의 미래를 어떻게 할 것인지, 통일을 한다면 어떤 식으로 할 것인지, 동독의 화폐는 어떻게 할 것인지, 동독인들의 연금은 어떻게 할 것인지, 동독인들의 일자리는 어떻게 할 것인지, 동독인들의 부동산 문제는 어떻게 할 것인지 등등의 개인들의 운명과 관련된 수많은 사안들을 다룰 국회였다.

그런 장밋빛 미래를 머릿속에 그려보는 순간 동독인들은 성큼 서독으로 다가간다는 느낌이 들었다. 그럼에도 일말의 불안은 가시지 않았다. 혹 소련 지도부나 동독 정부가 과거처럼 무슨 짓을 저지를지 모를 일이었다. 이들이 갑자기 역사의 흐름을 뒤엎을지 모른다는 불안 때문에 동독인들은 한시라도 빨리 통일을 이루고 싶었다. 만약 통일 논의가 신속하게 진척되지 않거나, 원하는 방향에서 벗어나 버리면 모두들 서독으로 이주할 기세였다. 통일 진척 속도는 당시 길거리에 나선 동독 사람들이 결정하는 것처럼 보였다. 그들의 무기는 간단했다. 통일이 늦어지거나 법안이 마음에 들지 않으면 서독으로 발길을 향하는 것이었다.

1990년 3월 선거는 동독 역사상 최초의 자유선거였다. 지금까지는 동독의 통합사회당(SED)이 정한 후보군에 대해 찬성 아니면 반대만 할 수 있었다. 물론 유권자들이 반대표를 던졌다고 해서 선거 결과가 달라질 가능성은 없었다. 각종 언론에서는 “99.9%의 압도적 지지를 얻었다”고 선전을 했다. 그리고 반대표를 던진 사람들은 비밀경찰인 슈타지로부터 가혹행위를 당했다. 이처럼 동독 유권자들은 1990년 이전에는 특정 후보를 직접 선택할 수 없었다. 통합사회당은 오늘날 민주국가에서처럼 여러 정당 가운데 하나의 정당이 아니고, 국가의 모든 것을 결정하는 국가 정당이었다. 즉 다른 사회주의 국가의 공산당과 마찬가지로 무소불능의 국가 기관이었다.

그런데 이번 선거는 여러 정당이 동등한 자격으로 선거에 참가를 했다. 과거 통합사회당처럼 절대적 권력을 행사한 정당이 없었다. 국가 정당이던 통합사회당은 이미 해체되었다. 이번 선거에는 유권자가 직접 후보들을 선택하는 자유선거였다. 이런 특징 말고도 서독의 각 정당들은 직접 간접으로 동독 선거에 개입했다. 우선 서독 정당들은 동독에 같은 당을 만들어 앞으로의 정세 변화에 유리한 입장에 서려고 했다.

그런데 사민당(SPD)의 경우는 아주 간단했다. 동독에서 1946년 공산당에 강제로 합병당했던 사민당을 다시 사민당으로 독립시키면 되었다. 당시 여당이던 기민당(CDU)은 동독에 자매 당을 만들었다. 자민당(FDP)과 녹색당(Grüne)도 동독에 자매정당을 만드는 데 힘썼다. 동독의 만년 여당이었던 통합사회당은 민사당(PDS)으로 이름을 바꾸었다. 일반인들에게 너무 이미지가 나빴기 때문이다.

서독 정당들의 가세로 선거는 더욱더 달아올랐다. 새로 만들어진 동독의 각 정당들은 3월 18일의 국회의원 선거에서 많은 득표를 하기 위해 온갖 노력을 기울였다. 서독의 각 정당들도 동독의 역사적

선거를 도우려고 팔을 걷어붙이고 나섰다. 동독의 자매 정당이 이번 선거에서 많은 득표를 해야 다음에 있을 동서독 통합 총선에서 더 유리할 것이라는 계산에서였다. 콜 수상도 이때 선거 지원유세에 나섰다. 바로 이 선거유세 길에서 콜 수상은 엄청난 약속을 했던 것이다. 그러므로 동독인들의 복지를 서독 수준으로 올려놓겠다는 선언은 선거전략이었음이 드러난다. 통일정책은 이렇게 해서 선거에 이용되기 시작했다.

동독 최초의 자유선거

사실상 동독 사람들로서 이런 자유선거의 경험은 처음이었다. 동독은 1949년에 건국한 이래 통합사회당의 일당 독재에 의해서 통치되었다. 통합사회당은 형식적으로는 사민당과 공산당이 합쳐진 정당이다. 하지만 내용적으로는 소련 점령군이 조직력이 강한 사민당을 강제로 공산당에 흡수한 것이었다. 그리고 이 통합사회당은 소련 공산당의 꼭두각시였다. 동독에서의 선거라는 것은 비밀투표가 아닌 공개투표였다. 당연히 선거 결과도 언제나 통합사회당이 원하는 대로 백 퍼센트에 가까운 찬성률을 보였다. 그런 선거는 하나마나한 것이었다.

이 자유선거는 동독 역사상 처음이자 마지막으로 치러진 것으로 기록됐다. 동독 건국 이래 지금까지 자유선거는 단 한 번도 없었다.

또 이번 선거는 동독의 법제하에서 치러지지만, 다음부터는 서독의 선거법에 따라 동서독 통합선거가 치러지기 때문이다. 여러 정당이 서로 다른 정책을 제시하여 국민들로부터 더 많은 지지를 받으려고 하는 것 자체가 동독 주민들에게는 즐거운 경험이었다. 통일 분위기를 타고 선거는 한껏 달아올랐다.

야당은 콜 수상의 약속은 지켜질 수 없는 공수표이므로 속지 말라고 경고했다. 그렇지만 당시 동독인들이 그런 경고를 귀담아 들을 리 없었다. 동독인들은 한껏 황금빛 미래에 들떠 있었다. 오히려 야당의 그런 비판을 야속하게 생각하는 동독 사람들이 적지 않았다. 동독 사람들은 야당의 말보다 콜 수상의 말을 더 믿었다. 황금빛 미래를 깨는 주장을 하는 야당을 반통일 세력으로 규정하는 분위기도 있었다. 이처럼 통일 분위기에 들뜬 동독인들은 자신들에게 유리한 말만 골라 듣는 경향이 있었다. 그도 그럴 것이 야당 역시 대안은 제시하지 못하면서 비판만 가했기 때문이다. 야당은 5년 안에 동독이 서독의 복지를 따라간다는 게 불가능하다는 이유를 구체적으로 반박하지 못했다.

동독 사람들은 무조건 콜 수상의 약속을 믿었다. 슈테판 하임을 비롯한 동독의 많은 지식인들이 통일의 위험에 대해 지적했지만 별 영향력이 없었다. 이런 분위기에서 서독의 야당이던 사민당과 녹색당 인사들의 발언이 동독인들의 귀에 들어올 리 없었다. 라퐁텐과 같은 사민당 인사와 녹색당의 적지 않은 정치가들이 통일을 반대하는 발언을 했다. 그러나 동독인들의 입장에서 보면 통일에 대해 부정적이거나 미지근한 태도를 취하는 사람들이 곱게 보일 리 없었다. 그보다는 자신들의 입장을 대변하는 콜 수상의 여당을 지지하는 게 당연했다. 당시 동독인들은 심리적으로 힘 있는 여당의 말을 믿으려 했다. 동독인들 본성이 그런 것이 아니라 사회주의 치하에서 그렇게 길들여졌던 탓이다.

비판정신이 취약한 동독인

실제 동독 사회는 피라미드 구조로 서독에 비해 비판적 사고와 시민정신이 취약하다. 물론 동독 정권이 주민들을 그렇게 교육시켜 온 결과다. 사회주의 국가에서 개인은 비판정신을 가져서는 안 된다. 당이 결정한 내용을 따르고 수행하는 인간이 필요할 뿐이었다. 동독 정권은 개인의 비판정신은 반사회주의적이고 부르주아 문화라고 비판하면서 이를 제거하려고 철저한 노력을 기울였다. 집단주의 성향을 지닌 동독의 사회주의는 개인주의에 기반을 둔 비판정신을 용인할 수 없었다.

> … 옛 동독과 같이 사회적 억압과 공포를 조장하는 권위주의적 환경에서 자란 사람들은 자신을 표현하는 방법을 제대로 습득하기가 어렵다

고 한다. 그들은 자신이 진정 무엇을 필요로 하는지 알기 어렵고 타인(주로 명령자 혹은 도덕·이념적으로 우월한 지위에 있는 자)의 기대와 요구를 충족시키는 것에서 행복을 느끼고, 존재 의의를 부여하는 경향이 나타난다… 마츠는 심지어 동독인들이 갖는 공포 중에서 가장 큰 것은 그들에게 완전한 자유가 주어지는 것이라고 말한다.[2]

필자는 실제 이런 현상을 통일 이후 직간접으로 체험할 수 있었다. 즉, 동독 사람들의 경우 규칙이나 법규를 지켜가며 문제를 해결하려는 것보다, 개인적 인맥 등을 통해 문제를 해결하려는 것이 흔했다. 실제 어느 통계조사에서도 규칙이나 법규를 지키는 습관이 서독보다 취약하다는 발표도 있었다. 물론 이런 현상은 동독에만 국한되는 현상은 아니지만 서독과 비교할 때 상당한 차이가 있다는 것을 일상생활에서 어렵지 않게 볼 수 있다.

이런 현상은 동독 사람과의 개인적인 만남에서도 쉽게 경험할 수 있다. 서로의 소개를 마치고 시작하는 대화부터 동독과 서독 사람들은 차이가 난다. 서독 사람들의 경우 일반적으로 개인적인 질문은 하지 않는다. 초면인 경우에는 내게 남한에서 왔느냐 북한에서 왔느냐를 묻는 것은 흔히 있는 질문이다. 그 다음 독일에서 뭐 하려고 하느냐까지는 동서독인들 모두 공통적인 질문이다. 그 다음부터 차이가 난다. 동독인들에게서 드물지 않게 받게 되는 질문은 직업이 무엇인지 직급은 어떤지 등이다. 이것은 나중에 깨달은 것인데, 직급에 따라 자신의 위상을 정해서 대화를 하려고 했던 것이다. 이와 유사한 경험은 한국에 체류하고 있는 동독인들과의 만남에서도 체험할 수 있었다.

사회주의 치하에서 살았던 동독인들은 서독인들에 비해 힘 있는 사람에게 의존하려는 의존도가 높다. 때문에 동독인들이 야당 당수의 말보다 수상의 발언을 더 신뢰했던 것은 당연하다. 콜 수상은 복지를 약속한다는 한마디로 동독 사람들의 구세주가 된 셈이었다. 그가 가는 곳이면 동독인들은 감사의 눈물을 흘리며 "헬무트, 헬무트"를 연호했다. 당시 콜 수상을 환영하는 플래카드에는 심지어 이런 것도 있었다. "헬무트여 우리의 손을 잡고 복지의 천국으로 인도하소서!"

뜻밖에 이루어진 통일

1990년 10월 3일에 이루어진 독일 통일은 결코 예상했던 사건이 아니었다. 독일이 통일을 차근차근 준비했다고 하는 주장은 사실이 아니다. 그런 주장을 믿는 것은 우리의 희망사항일 뿐이다. 적어도 1989년까지 독일에서 통일에 대해서 말하는 것은 터부에 해당했다. 특히 좌파나 중도 좌파 사람들은 통일에 관해서는 일절 생각도 않았다. 누가 통일에 대해 입만 벙긋해도 좌파 측 사람들은 즉각적으로 비판을 가했다.

좌파의 기본 입장은 독일이 강국이 되면 유럽 안정이 깨어지기 때문에 강력해져서는 안 된다는 것이었다. 실제 독일이 강국이 되면 유럽의 안정은 깨어졌었다. 1차 세계대전도 프로이센이 강력해져 일어났다고 볼 수 있다. 2차 세계대전도 나치 정권의 세계 패권주의가 부른 인류사의 비극이었다. 이런 역사적 비극을 되풀이하지 않으려면 독일이 강국이 되어선 안 된다는 것이었다. 특히나 민족주의적 강국은 절대 반대였다. 이는 독일 좌파 지식인들이 철저한 역사적 반성 끝에 내린 결론이었다.

동독 정부도 기본 입장은 서독의 좌파와 유사했지만, 그들보다 더 확고한 경계를 긋고 있었다. 동독은 나치에 대항했던 세력이 건설한 역사적으로 정통성 있는 정부라고 주장했다. 즉 서독을 나치주의자 또는 그 협력자들이 건설한 국가로 규정하고, 두 정부는 완전히 다른 이데올로기를 갖고 출발했다고 주장했다. 이처럼 동독 정부는 동독의 정체성을 반나치즘로 선언하고 국민들을 그렇게 교육시켰다. 실제 나치에 끝까지 저항한 공산주의자들과 사민당 세력이 동독에 많이 정착했었다. 때문에 동독 정부의 정통성 운운하는 부분은 일견 타당해 보일 수도 있었다.

동독은 그러니까 서독과는 전혀 다른 새로운 국가를 건설하려고 했다. 자본주의의 대안으로 사회주의를 건설하겠다는 야심을 품었다. 즉 서독의 민족주의자들과는 완전히 다른 세계관을 가진 사람들이 모였기 때문에, 자본주의 국가의 대안인 새로운 국가를 건설할 수 있다고 믿었다. 서독과 비교해 이것을 최대의 강점이라고 여겼다. 그런 연유로 동독 정부뿐 아니라 많은 동독인들이 두 나라는 결코 결합할 수 없을 것이라고 믿었다. 이처럼 동독인들이나 동독 정부는 통일에 대해 완강히 부정적이었다. 둘 중 한쪽이 싫어하면 하나가 된다는 것은 거의 불가능한 법이다.

과거 서독에서는 실제로 나치 지지세력 또는 나치와 연관 있던 세력들이 사회 곳곳에서 지도적 위치를 차지하고 있는 경우가 적지 않았다. 특히 법조계와 학계, 군대와 경제계 등에는 나치에 협력했던 사람들이 적지 않게 고위직에 있었다. 이들은 서독 정부 수립 이후에도 버젓이 높은 지위를 차지하며 사회 지배세력으로 활동하였다. 그러다가 1968년 학생운동 이후에 비로소 과거가 폭로되면서 많은 공직자들과 문화계 인사들이 현직을 떠나야 했다.

서독은 자본주의 체제를 도입하였고 동독은 사회주의 체제를 도입하였다. 때문에 동독인들은 한 국가가 잠시 분리되어 있는 것이 아니라, 완전히 다른 나라로서 영구히 그렇게 있어야 된다고 생각했다. 동독의 궁극적 목표는 서독과는 완전히 다른 국가를 건설하는 것이었다. 실제 동독의 지도자들은 이것을 공개적으로 선언하기도 했었다.

물론 서독 정부는 2차 세계대전 종전 직후 통일을 염두에 두고 있었다. 당시 서독인들은, 지금은 전승국인 미국, 소련, 영국, 프랑스에 의해서 구성된 군사정부의 통치를 받지만 언젠가 그들이 철수하면 통일이 자연스레 이루어질 것이라고 믿었다. 물론 동독과 서독이 1949년에 각각 단독정부를 구성한 이후 통일에 대한 두 정부의 공식 입장은 달라진다. 동독의 경우는 소련의 지시대로 움직이는 나라이므로 통일을 지지할 리가 없다. 그러나 서독의 경우는 통일을 전제로 하고 본을 임시 수도로 못 박았다. 헌법에서도 사태가 정상적으로 수습되면 수도를 다시 베를린으로 정한다고 규정했다.

우파 정당인 기민당으로부터 좌파 사민당까지 절대다수의 사람들이 그렇게 믿었다. 서독의 단독정부 구성을 반대한 것도 그렇게 하면 통일이 멀어진다고 믿었기 때문이다. 즉 서독이 단독으로 정부를 구성하면 또 다른 전승국인 소련으로부터 멀어져 통일이 빠른 기간 내에 이루어질 수 없다고 믿었기 때문이다. 이런 당시의 사정은 한반도에서의 1948년 상황과 아주 유사하게 진행됐다. 이를 두고 일각에서는 미국 등 서방 국가는 한반도에서 단독정부를 구성한 다음, 자신감을 얻어 독일에도 서독 단독정부를 구성했다는 주장도 있다.

2차 세계대전이 끝나면서 시작된 냉전체제는 시간이 흐르면서 더욱 굳어져 갔다. 서방의 전승국인 미국, 영국, 프랑스가 서독 정부를 만들었고 여기에 대항해서 소련은 곧바로 동독 정부를 만들었다. 동서 양 진영의 적대적 관계가 더욱 심화되면서 동독 정부와 서독 정부의 관계도 멀어져만 갔다. 서독의 아데나워 정부는 서방 전승국들과의 관계 개선을 통해 서독을 재건하려고 했다. 반면에 동독 정부는 소련과의 밀접한 관계를 통해 사회주의를 건설하려고 했다.

서독의 초대 수상이었던 기민당의 아데나워는 서방 전승국들과 관계 개선을 해 나가는 데 많은 노력을 기울였다. 아데나워는 서방 전승국들의 동의를 얻어야 통일이 가능하다고 믿었기 때문이다. 그의 이런 외교적 노력은 높이 평가를 받았지만, 이 때문에 동독 및 소련과의 사이는 더욱 멀어지게 되었다. 동서독 사이의 이런 동서 냉전관계는 사민당의 브란트가 1969년에 집권하면서 점차 바뀌게 된다. 즉 브란트는 유명한 동방정책을 통해 관계가 소원해져 있는 소련과 관계 개선을 추진한다. 브란트는 아데나워와는 달리 또 다른 전승국인 소련과 멀어지면 통일은 더욱더 힘들어진다고 생각했다.

민족주의는 극복의 대상

60년대 말 독일도 미국, 프랑스 등과 마찬가지로 학생운동의 혁명적 분위기에 휩싸였다. 독일의 경우 정치적으로는 베트남전쟁과 냉전체제의 고착화에 대한 젊은 세대의 거부감, 그리고 절대다수의 의석을 지닌 대연정이 탄생함으로써 사실상 야당이 존재하지 않게 된 상황에 대한 거부감이 학생운동에 크게 작용했다. 물질적으로 풍요롭게 자란 젊은 세대들은 부모 세대들과는 달리 자유분방한 히피문화를 받아들여 자율성, 개방성, 개성을 중요시하게 되었다. 특히 이들은 히틀러 정권에 동조한 기성세대가 역사적 반성을 거부하고 사회의 지배권을 행사하고 있는 데 큰 반감을 가졌다.

학생운동의 직접적인 계기는 이란의 독재자였던 샤 왕의 독일 방문이었다. 당시 독일 학생들은 친미 정권 총수의 독일 방문을 반대하는 시위를 벌였는데, 이때 한 학생이 경찰의 총에 맞아 숨지는 사건이 발생했다. 이를 계기로 독일은 학생운동의 소용돌이에 말려들게 된다. 여기에 많은 지식인들과 언론이 동조하면서 학생운동은 새로운 국면으로 접어든다. 이들은 기성세대가 나치 정권에 협력한 사실에 대해 반성할 것을 촉구했고, 월남전을 벌이는 미국을 지원하지 말 것을 서독 정부에 요구했다. 이들은 더 나아가 기성세대의 자본주의와 가치관을 전면적으로 부정했다.

당시 학생운동의 바닥에는 마르크시즘이 깔려 있었는데, 그중에서 이른바 3M 사상이 큰 영향력을 행사했는데, 마르크스Marx, 마르쿠제Marcuse, 마오쩌뚱Mao Tsetung의 저서들은 학생들의 필독서로 읽혔다. 당시 학생운동은 크게는 두 가지 목표를 가졌었다. 그중 하나는 전통적인 위계질서를 파괴하는 것이었고, 다른 하나는 과거 나치 역사를 청산하는 것이었다. 물론 그 두 가지는 서로 연관되어 있었다.

학생운동 참가자들은 가부장적 질서의 전통을 거부하고 이른바 민주질서를 정착시키려 했다. 또한 여성 인권을 비롯해 전통적으로

멸시받던 주변부 인생에 대해 많은 관심을 보였다. 사상의 자유와 표현의 자유를 요구하며 '아버지 세대'와는 달리 동독 및 소련에 대해 개방적인 태도를 보였다. 또한 가족 내에서의 민주화, 사제 간의 민주화와, 외국인과 동성연애자에 대한 차별 철폐를 요구했다. 좌파 이념은 60년대 말부터 적어도 70년대 말까지 독일에서 지배적인 담론이 되었다.

좌파 이념이 학생운동의 근간을 이룸으로써 자연스럽게 떠오른 것이 나치의 극우 민족주의를 척결하자는 것이었다. 그들은 나치가 어떻게 해서 괴테와 칸트의 고향에서 정권을 장악하게 되었는가에 대해 많은 고민을 했다. 나치 잔재를 청산함으로써 다시는 극우 민족 세력이 집권하지 못하게 하자는 데 힘을 모았다. 이후 민족주의는 독일에서 대단히 위험한 이념으로 받아들여져 철저한 비판을 받게 되었다. 이처럼 학생운동을 기화로 독일 사회는 민족주의와 거리를 두기 시작했다.

이때부터 민족주의적 성향은 나치의 이념과 동일시되어 비판의 대상이 되었다. 과거 나치의 극우 민족주의에 가담했던 작가들 역시 비판을 받게 되었는데, 하이데거와 같은 사상가나 벤이나 윙어 같은 작가들은 혹독한 비판의 대상이 되었다. 이 시기부터 나치에 협력한 전력이 들어나면 공직에서 물러나는 것이 상례가 되었다. 카라얀 같은 유명한 지휘자도 말년에 나치 협력 사실이 드러나 현직에서 물러나야만 했고, 최근에는 작가 그라스가 청년기에 나치의 기갑부대에 지원해 복무했다고 고백해 논란이 되고 있다.

당시 젊은 세대는 나치 가담자들을 극우 민족주의 세력으로 규정하고 반드시 제거해야 할 세력으로 생각했다. 또한 독일이 다시 통일을 이루게 되면 강력한 국가가 되어 다시 전쟁을 일으킬 위험이 있다고 생각해, 통일을 주장하는 것 자체가 극우 민족주의라고 주장하였다. 이런 분위를 타고 동독을 독일의 일부가 아닌 다른 국가로 봐야 한다는 생각이 좌파들 사이에 널리 퍼지게 되었다.

학생운동 세대들이 대학을 마치고 정치, 교육, 언론계 등에 주도세력으로 등장하면서 독일 사회는 진보적으로 변했다. 학생 시절에 외쳤던 구호들이 생활 속으로 체화되었다. 가정과 사회는 민주적으로 변하여 권위적 분위기는 사라졌다. 동독과 공산주의를 바라보는 시각도 변했다. 독일 사회가 이렇게 보수 색깔을 벗게 되면서 독일 통일은 터부시되었다. 또 민족주의를 경계하는 생각은 교육계와 언론계를 통해서 다음 세대로 전달되었다. 그래서 70년대 이후부터 동서독 통일을 주장하는 사람은 극우 세력으로 규정되었다. 극우 세력이 아니면 누구도 감히 공개적으로 통일을 말할 수 없었다. 또한 통일이 가능하다고 생각지도 않았다. 아니 통일에 관해 관심이 없었다고 하는 편이 옳을 것이다.

더욱이 80년대로 접어들면서 서유럽에서 민족주의는 사라져 버렸다. 그래서 유럽연합도 추진할 수 있었다. 민족주의가 사라진 마당에 통일을 주장하는 것은 우스꽝스런 일이 되어 버렸다. 그런 20세기 말의 분위기 속에서 독일 통일을 주장하거나 믿는 것은 일부 극우 세력의 짓으로 치부되었다. 때문에 독일이 통일을 차분히 준비했다는 주장은 사태를 미화하려는 것에 불과하다. 독일 통일은 실제로 뜻밖에 찾아왔다고 해야 옳을 것이다.

반통일은 당시의 시대정신

1982년에 수상 자리에 오른 기민당의 콜은 아데나워와 브란트의 외교노선을 수용했다. 즉 기민당의 전통적 외교노선인 서방 국가와의 관계를 중요시하면서도, 브란트의 동방정책 노선을 상당한 부분 따랐다. 콜 수상에 이어서 1998년에 집권한 사민당의 슈뢰더 수상이나 2005년부터 수상직을 맡은 메르켈도 이런 콜의 외교노선을 크게 벗어나지 않는다. 1982년 선거 당시에 기민당이 집권하면 브란트의 동방정책은 휴지통에 들어갈 것이라고 일각에선 주장했지만, 그 외교 업적은 다음 정권에 그대로 수용되었다. 이처럼 독일은 정권이 바뀌었다고 해서 쉽게 외교노선을 바꾸지 않고, 오히려 이전 정권의 외교 업적을 포용하는 정책을 이어가고 있는 것이다.

냉전체제하에서 서독이 동독과 통일하려고 했다면 그것은 어느 누구도 찬성하지 않았을 것이다. 소련은 자기 추종 세력이 줄어드는 것을 참지 못했을 것이다. 더구나 독일과 국경을 맞대고 있는 프랑스, 덴마크, 네덜란드, 폴란드, 오스트리아 등 어떤 나라도 독일이 통일하는 것을 찬성하지 않았을 것이다. 물론 동독은 말할 필요도 없다. 만약 이 모든 반대에도 불구하고 서독이 통일을 시도하려고 했다면 그것은 또 다른 전쟁을 의미했을 것이다.

1949년 동서독이 각기 단독정부를 수립한 이후, 냉전체제가 장기화되자 독일 통일의 꿈은 현실에서 멀어지게 되었다. 또한 독일 사회의 분위기도 바뀌어 통일에 대한 기본적인 생각이 변했다. 예를 들어 젊은 사민당 당원들은 통일보다는 오히려 유럽 안정에 더 많은 관심이 있었다. 더구나 60년대 학생운동을 주도했던 세력이 만든 녹색당은 통일에 반대하는 당원들이 많았다. 사민당 역시 대다수가 통일에 대해 부정적이었다.

또 다른 관점에서 살펴보자. 통일의 파트너인 동독이 통일을 거부하는 데 어떻게 통일이 가능하겠는가. 그렇기 때문에 독일 통일이 그렇게 갑작스럽게 이루어지리라고는 실제 아무도 생각지 못했다. 정말 모든 게 순식간에 진행된 역사였다. 동독 정부가 그렇게 허망하게 무너질 줄은 아무도 몰랐다. 동독이 얼마나 안정적으로 평가받고 있었는가는 당시 책들을 보면 알 수 있다. 1980년대 후반에 기술된 서구의 정치, 사회, 역사 관련 서적에서는 예외 없이 동독 정부가 세계적으로 가장 안정적인 정부에 속한다고 기술하고 있다. 그런 평가를 받던 정부가 불과 1년여 만에 무너진 것이다.

어떻게 보면 모두가 동독을 잘 몰랐다고 할 수 있다. 심지어 동독인들마저 자신들이 살고 있던 사회에 대해 잘 몰랐다고 할 수 있다. 물론 동독 정부가 갑자기 무너진 가장 큰 원인은 외부에 있었다. 즉 고르바초프의 등장과 더불어 발생한 소련과 그 위성국가 사이의 관계 변화였다. 고르바초프의 등장으로 소련과 동구는 다 같이 개혁에 나섰다. 고르바초프의 목표는 사회주의를 매력적으로 만드는 것이었다. 하지만 그 개혁은 결과적으로 사회주의의 몰락으로 이어졌다. 소련은 동독을 비롯한 위성국가들에게 소련처럼 개혁을 해야 살 수 있다면서 개혁을 촉구했다.

고르바초프는 동독이 불안정한 시기였던 1989년 10월 동독을 방문했다. 당시 동독의 최고권력자였던 호네커는 소련의 지원을 요구했다. 그러나 고르바초프는 오히려 "역사는 늦게 도착하는 자를 처벌한다"고 말했다. 이는 개혁을 제때에 하지 않으면 후회한다는 말로 이해되었다. 이미 동독 주변국가인 폴란드, 헝가리, 체코 등은 과감한 개혁을 시도해 시장경제 체제로 나아가고 있었고, 개인의 자유도 확대되고 있었다. 이런 변화에도 요지부동인 동독 정부를 바라보는 동독 주민들의 불만은 커져만 갔다.

1989년 10월 7일은 동독 건국 40주년 기념일이었다. 전통적으로 이날은 성대한 퍼레이드와 기념식이 있었다. 적어도 이날만큼은 동독의 장래에 대해서 호네커가 한마디 할 것이라고 모두가 믿었다. 그러나 호네커는 건국 40주년 기념 행사장에서도 세상 변화에 대해서는 한마디도 언급하지 않고 사회주의의 끝없는 승리만을 외쳐댔다. 동독 최고책임자가 현실을 외면하자 행사장 바로 옆에서 데모가 벌어졌다. 이들은 행사장에 공식 손님으로 와 있는 고르바초프를 향해서, "고르비 도와주세요!"라고 외쳤다.

아래의 삽화는 이런 상황을 빗댄 것이다. 호네커는 동독 건국 40주년을 축하하는 행사장에서 결국 몰락한다는 내용이다.[3]

동독 정부에 실망한 동독인들은 매일 수백 명씩 고향을 떠나 서독으로 향했다. 동독 정부는 떠나는 주민을 제지하지도 않았다. 아

니 실제는 제재할 방법도 없었다. 그래서 1989년 10월 말경 동독은 거의 무정부 상태가 되었다. 정부는 아무것도 할 수 없었고, 또 무엇을 한다 해도 주민이 따르지 않았을 것이다. 동독은 정부가 주민들을 전혀 통제할 수 없는 무정부 상태가 되었다.

동독 주민들은 물밀듯이 서독으로 몰려들었다. 1989년 8월 19일에 처음으로 대규모의 동독인들이 서독으로 몰려왔을 때 서독인들은 크게 환대했고 동독인들은 동포애에 눈물로 화답했다. 그러나 시간이 흐르면서 엄청난 수의 동독인들이 밀려오자 서독인들은 점차 냉담해졌다. 국경 부근에 살던 사람들의 경우, 동독에서 밀려오는 사람들 때문에 길이 자동차로 꽉 막혀 있어 불만이었다. 또 동독 사람들이 슈퍼마켓을 점령하다시피 해 시장을 보러 갈 수가 없어 불만이었다. 동독 사람이 서독으로 오면 서독 정부로부터 환영한다는 의미에서 1인당 100마르크(약 5만 원)를 받았다. 동독 사람들은 이 돈으로 곧바로 가게로 달려가 그들이 갖고 싶은 물건을 샀던 것이다.

동독 주민이 길거리로 나서서 데모를 하던 1989년 9월에는 서독 주민의 59%가 동독 주민에 대해서 동감을 표시했다. 그러다 밀려오는 주민들이 너무 많아지자 그해 12월에는 42%로 줄어든다. 특히 통일에 대해서는 당시 서독 주민의 41%만이 찬성했고 43%는 반대했다.[4]

모든 국가가 반대한 통일

1989년 말 동독 정부는 있으나 마나 한 상태가 되었다. 그러자 주민들은 자신들의 운명은 동독 정부가 아니라 서독 정부에 달려 있다고 믿기 시작했다. 즉 서독 정부가 동독 주민을 받아 주어야 된다는 희망을 표시했다. 일이 이렇게 되자 유럽 각국들은 긴장하기 시작했다. 통일 이야기가 언론에 돌자 가장 먼저 영국과 프랑스가 독일 통일에 대해 반대한다는 공식 입장을 표명했다. 그리고 국경선 문제가 독일과 복잡하게 얽혀 있는 폴란드도 반대 입장을 나타냈다. 그 외의 주변국가들도 독일 통일을 찬성하는 국가는 하나도 없었다. 어떤 주변국가도 독일 통일에 대해서 긍정적인 발언을 하지 않았다. 양차 세계대전에 대해 조금의 지식만 있어도 이들의 반대를 충분히 이해할 수 있을 것이다.

물론 서독 정부도 그 당시 바로 통일이 될 것이라고 믿지 않았다. 서독 정부도 주변국가들의 이런 반응 앞에서 통일에 대한 입장을 드러낼 수 없었다. 콜 수상도 처음엔 통일에 대해 반신반의했다고 한다. 그러다 선거유세차 동독을 방문했을 때 마음이 변했다고 한다. 즉, 통일에 대한 동독 주민들의 열망을 직접 체험하고 나서 통일을 결심했다는 것이다. 이후 고집 세기로 유명한 그는 통일에 대해서라면 누구의 말도 듣지 않고 밀고 나갔다. 물론 단기 목표로서가 아니라 장기 목표로 설정해서 밀고 나갔다. 통일을 주도한 콜 수상마저도 20세기 내에 독일이 통일을 이룰 수 있다면 큰 다행이라고 생각했다고 한다. 이것은 그의 최측근이었던 텔치크가 통일 후에 전한 내용이다.

서독 정부는 우선 2차 세계대전의 전승 국가와 이웃나라들로부터 통일에 대한 지지를 얻는 게 급선무였다. 그러나 그것은 쉽지 않은 일이었다. 역사적으로 몇 번의 쓴 경험을 얻었던 주변국가들이 독일 통일을 지지할 리 없다. 예를 들어 프랑스는 2차 세계대전 후 독일을 아예 탈공업화시켜 후진국으로 만들고자 했었다. 때문에 독일은 불안해하는 이웃국가들에게 다시는 전쟁을 일으키지 않을 것이라는 믿음을 주는 것이 선결 과제였다.

서독 정부는 통일을 하더라도 절대 독자적 행위를 하지 않을 것이며 반드시 나토 국가들과 협의하겠다고 주변국들을 안심시켰다. 통일을 하더라도 나토 안에 머물 것이며 폴란드와의 국경 문제는 거론하지 않겠다고 약속했다. 이때 능력을 발휘한 사람은 겐셔 외무부장관이었다. 그는 18년간 독일 외무부 장관을 지낸 세계 최장수 외무부 장관이었다. 당시 겐셔 장관이 없었더라면 통일이 불가능했을 것이라는 주장이 나올 정도로 그는 뛰어난 외교관이었다.

독일 통일을 찬성하는 발언은 뜻밖에도 빨리 나왔다. 미국이 가장 먼저 독일 통일을 지지한다는 의견을 표명했다. 약간의 시간을 두고 영국과 프랑스도 독일 통일을 지지한다고 하면서, 독일은 유럽 국가로서의 의무를 다하기를 바란다고 했다. 그러자 나머지 주변의 작은 국가들도 독일 통일에 반대하지 않겠다고 공식적인 의견을 발표했다.

가장 설득하기 힘들 상대로 여겼던 소련이 예상 외로 빠른 반응을 보였다. 콜 수상은 1990년 7월 고르바초프와의 정상회담에서, 소련은 독일 통일을 인정할 수도 있다는 암시를 받았다. 외교적 설득과 경제 원조를 통해 고르바초프의 지지를 얻어낸 것이었다. 유럽연합은 당시 국내 위상이 불안했던 고르바초프에게 외교적 경제적 지원을 함으로써 그의 위상을 안정시켰다.

독일 통일에 대해 가장 불안해했는 국가는 폴란드였다. 2차 세계대전 후 소련은 폴란드 동쪽을 차지하고 그만큼의 땅을 독일에게서 빼앗아 폴란드에게 주었기 때문이다. 즉 폴란드의 서쪽 반은 과거 독일 땅이었다. 국경 문제로 가장 불안해하는 폴란드에 대해, 독일은 통일 이후에도 현재의 국경선에 대해 이의를 제기하지 않겠다고 선언했다.

그런 국제 정세를 잘 이용한 콜 수상의 상황 판단과 유능한 겐셔 외무부 장관의 노력으로 동서독은 역사적 통일의 길을 가게 되었다. 즉 처음에 모두가 반대한 통일을 능숙한 외교로서 모든 국가의 지원을 받게 된 것이다. 독일은 이렇게 이웃 국가들의 축복을 받으면서 통일을 이룬 것이다.

2. 데모대가 결정하는 통일정책

세 가지 통일 방안

이렇게 해서 독일 통일 반대 분위기는 불과 몇 달 만에 바뀌었다. 미국과 소련을 비롯한 2차 세계대전의 전승국들이 독일 통일을 찬성하고 폴란드와의 국경 문제도 마무리되었다. 이제 누구도 독일 통일을 반대할 명분이 없었다. 덴마크와 벨기에처럼 역사적으로 고통을 받았던 독일 주변의 작은 나라들도 독일 통일을 찬성하는 분위기로 돌아섰다.

이제 독일의 유수한 석학들과 언론들은 통일에 대해 온갖 아이디어를 모았다. 동서독을 어떻게 합칠 것인가를 둘러싸고 갖가지 의견을 제시했다. 다양한 의견이 있었지만, 당시 논의들은 대체로 이렇게 정리될 수 있을 것이다. 통일 후 동독이 앞으로 어떤 이데올로기를 채택할 것인가가 문제였다. 즉 사회주의를 계속할 것인가 아니면 자본주의를 도입할 것인가 아니면 제3의 이데올로기를 실험해 볼 것인가였다.

사회주의를 지속하자는 입장에서는 과거 동독 정권을 사회주의가 아니라 사회주의를 빙자한 공산당 독재국가로 규정했다. 그래서 사회주의의 원래 이념을 이제 실현해 보자고 주장했다. 두 번째는 사회주의 실험은 실패로 끝났으니 자본주의로 나가자는 것이었다. 자본주의도 문제가 많지만 그래도 사회주의보다는 낫다는 주장이었다. 세 번째는 자본주의도 사회주의도 인류의 이상과 거리가 멀기 때문에 제3의 이데올로기를 실험해 보자는 것이었다.

이른바 진정한 사회주의를 시작해 보자는 주장은 동독과 서독에서 나왔다. 동독 좌파와 서독 좌파들이 내놓은 의견이었다. 이 안에 대해 동독 대중들의 반응은 시큰둥했다. 대부분의 동독 사람들은 사회주의에 질려 있었기 때문이다. 그것이 참된 사회주의든 껍데기 사회주의든 상관없었다. 그냥 사회주의가 싫었다. 기민당의 3월 선거구호는 "사회주의여 안녕"과 "두 번 다시 정치 실험을 하지 말자"였다. 즉 사회주의 실험은 다시 하지 말자는 것이었다. 어느 모로 보나 사회주의를 제대로 해 보자는 생각은 좌파 지식인 차원에 머문 이야기였다.

이에 반해 자본주의를 지지하는 세력은 광범위했다. 동독의 많은 대중과 서독 우파가 찬성했다. 모든 동구 국가들이 사회주의를 폐기 처분하는 마당에 왜 사회주의를 다시 시작하느냐면서, 그래도 자본주의가 사회주의보다 낫다고 주장했다. 자본주의는 역사적으로 많은 진화를 거친 이념이므로 현재의 문제점들도 결국에는 극복할 수 있다는 낙관론을 폈다.

그리고 세 번째 주장은 아이디어 차원에 그쳤다고 해도 과언이 아니다. 사회주의도 문제가 많고 자본주의도 문제가 많으니 전혀 다른 이념을 갖고 동독을 건설해 보자는 의견이었다. 하지만 그 이념이 구체적으로 어떤 것인지는 설명 불가능한 공상에 가까운 것이었다. 이 제3의 이데올로기는 대안이 아니라 소설 차원의 이야기라 해도 무방하다. 조급해진 동독 대중들은 이런 의견까지 관심 있게 살펴볼 여유가 없었다.

우파는 통일 찬성, 좌파는 갈팡질팡

세 가지 통일방안 중에서 절대적 지지를 얻은 것은 동독을 자본주의로 만드는 것이었다. 이 주장은 다른 방안보다 명료하고 구체적이었다. 쉽게 말해서 동독이 서독 흉내만 내면 되는 것이다. 이 안은 동독 주민들로부터 가장 광범위한 지지를 받았다. '진정한' 사회주의의 길을 가는 방법도 강력한 대안이었다. 하지만 동독이라는 '국가 사회주의'에 질린 일반 시민들은 시큰둥했다. 자본주의에 대한 두려움이 없었던 것은 아니지만, 그래도 서독처럼 되면 서독의 복지를 누릴 수 있다고 생각했다.

결국 많은 동독 사람들이 요구하는 대로 상황이 흘러가게 되었다. 동독 사람들은 통일이 되지 않으면 모두가 서독으로 이주하겠다고 데모를 했다. 당시 가장 어려운 문제는 동독 사람들의 대규모 이주를 어떻게 막을 것인가였기 때문에, 통일 이외의 다른 방법은 없었다고 봐야 할 것이다. 결국 길거리로 나선 동독 사람들이 동독의 미래를 결정지었다고 말할 수 있다.

서독의 녹색당원과 사민당의 일부 등 서독의 좌파들은 독일 통일에 대해서 부정적이었다. 특히 동독 사람들이 요구하는 즉각적인 통일에 대해서는 브정적이었다. 이는 우리나라와 상황이 아주 다르다. 한국에서는 우파가 아니라 좌파 진영이 남북통일에 대해서 더 적극적이기 때문이다. 서독의 경우 좌파 성향이 강하면 강할수록 독일 통일에 대해 부정적이었다.

녹색당의 주루는 68학생운동 세력이다. 그래서 환경보호라는 이념을 내거는 정당이지만 좌파 성향이 강하다. 사민당 중에서도 좌파 세력은 통일에 대해 부정적이었다. 물론 통일이 가능하다고 믿지도 않았지만, 상황이 이렇게 갑자기 변하리라고는 생각해 본 적도 없었다. 이런 상황에 가장 당황한 세력은 서독의 좌파였다. 그들은 통일에 대한 당론을 쉽게 정리할 수 없었다. 콜 수상은 빠른 속도로 통일 정책을 밀고 나갔고, 좌파 측은 사안 별로 비판만 했지 큰 틀의 대안은 제시할 수 없었다.

이들 좌파의 일부는 동독을 독립적인 국가로 발전시켜야 한다고 주장했고, 또 일부는 동서독이 연방제로 나가야 한다고 주장했다.

왜냐하면 독일이 통일되면 또다시 주변국가들에 대해 무슨 일을 저지를지 모른다는 것이었다. 거기다 자본주의 체제에 대한 깊은 불신이 깔려 있었다. 독일 좌파의 바탕에 깔려 있는 생각은, 독일은 다시 전쟁을 일으켜서도 안 되고 이웃에 위협적이어서도 안 된다는 것이었다. 그러기 위해서는 통일이 되어 강한 독일이 되어서는 안 된다는 것이었다. 독일 좌파의 도덕적 우월성은 이처럼 과거 반성을 철저하게 했다고 할 수 있다.

사민당이 통일에 대해서 우왕좌왕 하던 중에 빌리 브란트가 사민당의 입장을 간단히 정리했다. 동방정책을 추진했던 그는 사민당 내에서 정신적인 지주로 통했다. 그는 통일에 대해 이렇게 말했다. "함께 속하는 것은 함께 자라야 한다." 이렇게 해서 사민당은 통일에 찬성하는 것으로 당론이 정리가 되었다. 이제 통일에 반대하는 좌파 세력은 많이 줄어들었다. 설사 좌파가 통일을 계속 반대했다고 하더라도 사태 변화에는 큰 영향을 미치지 못했을 것이다. 콜 수상은 그의 방식대로 누구의 말도 듣지 않고 통일을 밀고 나갔다.

동독인들은 서독 사민당과 녹색당 일부 정치인들의 발언에 대해 섭섭한 마음을 갖고 있었다. 이들은 통일에 대해 부정적인 입장을 표명하고 또 통일에 따른 문제점들을 지적하기도 했기 때문이다. 더욱이 이들 좌파는 통일 대신 연방제를 대안으로 제시했다. 더욱 극단적으로는, 동독은 아예 서독과 무관한 독립국가가 되어야 한다고

까지 했다. 좌파의 이런 태도가 통일에 들떠 있던 동독인들에게는 찬물을 끼얹는 행위처럼 보였다.

좌파 우파는 다시 수도 이전을 두고 대립했다. 기민당을 비롯한 우파 정당들은 이 사안에서도 한 목소리를 냈다. 본은 임시 수도이므로 통일 독일의 수도는 베를린이 되어야 한다고 주장했다. 반면에 좌파들은 베를린은 양차 대전을 일으킨 독일의 수도였으므로 다시 수도가 되어서는 안 된다고 주장했다. 더욱이 베를린은 폴란드와 가까워 폴란드가 위협을 느낀다고 했다. 이런 주장은 좌파 성향이 뚜렷할수록 분명했다. 녹색당은 베를린 이전을 반대했다. 사민당은 당론을 정하지 못하고 개인투표를 했다. 특히 본은 사민당이 오랫동안 집권한 노르트라인-베스트팔렌 주에 속해 있기 때문에 사민당 내부 사정은 더 복잡했다. 수도가 이전을 하면 일자리와 빈집이 생겨 경제가 어려워질 것 등을 염려했다.

베를린은 이렇게 투표를 통해 가까스로 다시 통일 독일의 수도가 된 것이다. 물론 1991년 수도 이전 의결 당시에 교육부, 국방부, 환경부 등 6개 부처는 본에 그대로 남아 있기로 결정했다. 그래서 2만 명의 공무원은 이곳에서 업무를 보고 있다. 그런데 수도가 두 곳으로 나뉘어 있음으로 인해서 업무가 비효율적이라는 분석이 최근 독일 언론에 자주 보도된다. 통신 수단의 발달에도 불구하고 공무원들이 본과 베를린을 오감으로써 비용과 시간이 많이 낭비되고 있다는 지적이다. 이 문제는 우리나라 행정도시 건설에도 참고 되어야 할 사항이다.

동독 국회는 나라를 빨리 망하게 하는 것이 임무

1989년 10월부터 동독 정부가 할 수 있는 것은 아무것도 없었다. 사태를 무마하는 입장에서 호네커가 물러나고 크렌츠가 등장했다. 그는 국민의 환심을 사려고 막강한 권력을 행사하던 정치위원회를 바로 해체했다. 그리고 '국가 정당'이었던 통일사회당의 독점적 위치를 포기했다. 그런 제스처에도 불구하고 국민들은 싸늘한 반응을 보여 결국 그는 한 달 반 만에 물러나고 말았다. 동독 주민의 입장에서는 그런 개혁으로는 충분하지 못했다. 또 변화를 주도한 크렌츠도 이른바 구시대 인물인데, 갑자기 변신하여 국민의 호감을 사려고 하는 것처럼 보였다. 당시 언론에서는 크렌츠를 벤데할스Wendehals라는 새에 비유했다. 이 새의 특징은 180도 이상 돌릴 수 있는 목을 지니고 있다. 크렌츠도 이 새처럼 180도 변절한 인물이라는 뜻이다.

당시 동독 정부는 어떤 일을 해도 국민들로부터 신뢰를 얻지 못했다. 그런데 유일하게 국민들로부터 환호받은 일은 11월 9일에 서독 이주를 허가한 일이었다. 실제는 그것도 통제가 불가능한 상태에서 취한 정치적 결단이라고 해야 할 것이다. 이처럼 동독 정부가 할 수 있는 것이라고는, 동독을 떠나 서독으로 가는 주민 행렬을 바라보는 것이었다.

그렇지만 다른 한편에서는 무기력해진 동독 정부가 국민을 다시 통제하기 위해 군인을 동원하지 않을까 하는 염려가 있었다. 동독과 소련군은 이미 노동자의 시위를 군대를 동원해서 진압한 전력이 있기 때문이다. 1953년 동독 노동자들이 생산성 증가 요구에 항의하자, 동독 정부는 소련군 전차를 동원하여 시위대를 진압했다. 동독뿐이 아니다. 헝가리 국민들이 1956년에 독립을 요구하는 시위를 벌였을 때, 그리고 체코 국민들이 1968년 프라하의 봄을 만끽하고자 했을 때, 소련군은 전차를 동원해서 무참히 진압했다.

동독인들은 이 사건을 모두가 기억하고 있었다. 1989년 연말에 혹 동독 정부가 군대를 동원하여 시위를 진압하지 않을까 하고 동독인뿐 아니고 서독 정부도 신경을 곤두세웠다. 물론 미국을 포함한 나토 국가도 마찬가지였다. 그러나 소련과 동독 정부가 군인을 동원하지 않겠다고 약속했기 때문에 일단 큰 걱정은 사라진 상태였다. 그렇지만 통일 후의 증언에 따르면 그런 주장에도 불구하고, 동독의 특수부대는 실제로 출동준비가 되어 있었다고 한다.

동독인들의 다음은 바빠졌다. 혹 소련이나 동독 정부의 마음이 바뀌어 사태가 달라질 수 있다고 생각했기 때문이다. 동독 사람이든 동구 사람이든 역사적 경험으로 소련을 믿지 않기에, 동독 국민들은 가능한 빠른 절차를 통해 통일을 하려고 했다. 그런 성화에 못이겨 5월에 있을 예정이던 총선을 두 달이나 앞당겨 실시하기로 하였다. 신속히 선거를 치르고 국회를 구성하여 최단기간 내에 통일을 이루고자 한 동독인들의 염원이 반영된 것이었다.

당시 총선에 의해 구성된 동독 국회에게는 특이한 임무가 주어졌다. 일반적으로 국회의원들은 어떻게 하면 나라를 튼튼하게 할 수 있느냐를 두고 토론하는 것이 소임이라고 할 수 있다. 국방, 교육, 세제 등 나라 살림이 어떻게 하면 바람직하게 나아갈 수 있느냐를 토의하는 것이 정상이다. 그러나 동독에서 처음이자 마지막으로 자유선거를 통해 구성된 이번 국회는 정반대의 임무가 맡겨졌다. 즉 어떻게 하면 동독을 빨리 망하게 할 것인가를 두고 토론해야 했다. 나라를 살리는 것이 아니라 어떻게 하면 빨리 나라를 없앨 수 있을 것인가를 두고 열띤 토의를 벌였다.

동독 국회가 구성되어 여러 가지 안건을 가지고 토론이 오래 진행되자 동독 주민들은 조바심이 났다. 동서독이 어떤 법적 근거에 의해서 통일할 것인가 하는 문제는 중요한 사안이었다. 이것은 통일 이후의 문제 해결에도 큰 영향을 미치는 주요 안건이었다. 그러나 동독 주민들의 생각은 달랐다. 가장 중요한 안건은 동독이 빨리 망하고 서독과 합치는 것이니, 법적 형식에 많은 시간을 소비하지 말라고 압력을 가했다.

동독 주민들의 삶과 연관된 많은 법안들이 다루어져야 함에도 불구하고 그럴 여유가 없었다. 예를 들어 동독 주민의 재산에 관련된 동서독 간의 국가조약은 주요한 것이었다. 그럼에도 이 문제를 소홀히 한 결과 수많은 동독인들이 재산을 잃게 되었다. 통일조약에 따라 1949년 동독 건국 후에 체결된 모든 매매 관련 계약은 무효가 되었다. 그래서 동독 건국 후 집을 매입한 사람들 중 원주인에게 집을 빼앗긴 사례가 한둘이 아니다. 이처럼 통일을 빨리 이루어야 한다는 동독 주민들의 압력에 모든 것들이 일사천리로 진행되었다. 물론 나중에 후회를 하게 되지만 이미 때는 늦어 버렸다.

동독인의 꿈은 서독인이 되는 것

동독인들이 당시 간절히 갈망한 것은 두 가지였다. 그것은 개인의 자유와 서독 수준의 복지였다. 개인의 자유 가운데에서도 특히 여행의 자유였다. 동독인들이 여행을 할 수 있는 곳은 동구권뿐이었다. 서독이나 프랑스 그리고 이탈리아와 같은 서구로 여행하는 것은 불가능했다. 그것은 당의 고위 간부나 누릴 수 있는 특권 중의 특권이었다. 그것이 불가능한 동독 시민 일부는 외국인과 결혼하여 답답한 동독을 떠나겠다는 꿈을 갖기도 했다. 물론 외국인과의 결혼도 쉬운 것은 아니었다.

나는 파리를 꿈꾸고 뉴욕을 꿈꾸었다. 나는 공부하고 싶었다. 그리고 세계를 보고 싶었다. 나는 동독 탈출을 약 1년 전부터 계획해 왔다. 동독 장벽의 틈새를 보았기 때문이다. 내 전략은 간단했다. 학교를 마치고 외국인과 결혼하는 것이었다. 그리고는 내 가족을 그곳으로 초청하는 것이었다.[5]

그렇게도 간절하게 바라던 여행의 자유는 1989년 11월 9일 동서독 장벽이 사라지면서 해결되었다. 특히 동독인들이 바란 것은 서독으로의 여행이었다. 수많은 사람들이 자가용을 몰고 서독으로 서독으로 몰려왔다. 동독에서 서독으로 오는 모든 길은 동독 차들로 가득 메워졌다. 동독 국경선을 넘는 순간 그들은 눈물을 흘렸고 서독 주민들은 환영의 박수를 보냈다.

서쪽으로 여행의 자유를 얻었으니 이제 남은 것은 서독 수준의 복지였다. 그 복지도 이제는 서독 수상이 누릴 수 있게 해 주겠다고 했다. 생전에 이룰 수 없을 것처럼 보였던 꿈이 5년 안에 이루어질 것이라니, 모든 게 꿈만 같았다. 이들이 눈물을 흘리며 콜 수상을 맞이한 것은 이런 맥락에서 이해할 수 있으리라. 물론 그것이 꿈으로 그친다는 것을 곧 알게 되겠지만.

동독 사람들은 서독이 얼마나 잘사는지 통일이 되기 오래전부터 이미 알고 있었다. 서독 언론을 접촉할 수 있었기 때문이다. 서독 텔레비전 방송을 통해서 그들의 생활수준을 알 수 있었다. 특히 서독 텔레비전에서 나오는 각종 광고는 생필품이 부족했던 동독인들에겐 그야말로 꿈이었다. 그 외에 박람회장으로 유명한 라이프치히의 주민들은 다른 방식으로 외국 사정을 알 수 있었다. 그곳에 전시된 전시품을 통해서 다른 나라 사람들의 생활수준을 엿볼 수 있었다. 그래서 라이프치히에는 박람회 카탈로그를 구하는 것이 유행이 되기도 했다.

그뿐이 아니다. 동독을 방문한 서독 친지들의 소식을 통해서도 서독 사정을 알 수 있었다. 그밖에도 서독의 친척이 보내오는 소포를 통해서도 서독인들의 생활수준을 짐작할 수 있었다. 많은 동독인들이 크리스마스 때 서독의 친지로부터 소포를 받았다. 서독에서 온 소포는 따로 명칭이 있다. 이것을 베스트파켓Westpacket(독일어로 베스트는 서쪽을, 파켓은 소포를 말한다)이라고 한다.

서독 친지가 보내온 소포는 그야말로 하늘에서 내려온 선물이었다. 그 안에는 동독에서는 구할 수 없는 물건이 들어 있었기 때문이다. 동독에서 구할 수 없는 소모품이거나 집수리에 필요한 것들이었다. 동독에서는 직접 집을 수리해야 했기 때문이다. 동독 사람들이 갖고 싶어 한 것 중에 특히 인기가 있었던 것은 커피, 카카오, 여성용 팬티스타킹이었다. 그리고 빈병 밀봉장치 고무줄, 수도꼭지, 문짝 자귀, 의류, 향수 등도 인기 있던 품목이었다.

서독에서 온 것들은 모든 것이 비교할 수 없이 훌륭한 품질이었다.

서독의 카카오, 초콜릿, 그리고 사탕은 얼마나 달콤하고 상큼한가. 가족과 가까운 사람들과 나누어 먹으며 얼마나 즐거워했던가. 물론 아이들이 학교에 서독 제품을 가지고 가는 것은 금지되어 있었다. 그래서 가까운 학우에게 몰래 전달했다. 또 서독의 커피는 얼마나 향기로운가. 그래서 서독 커피는 동독에서 최고의 뇌물이 되어 집에서 못 마시는 경우가 많지 않았던가. 또 통일이 되면 바나나도 마음대로 먹을 수 있겠지 하면서 모두가 흥분해 있었다.

동독 주민들은 서독 친척들의 방문에 즐거워했다. 낯선 세계의 이야기와 선물이 무엇보다 반가웠다. 이런 동독 성인들의 반응에 대해서 동독의 아이들은 자존심이 상하는 경우도 있었다.

> 서독에서 누가 우리 집을 방문하기만 하면 나는 그것이 언제나 무서웠다. 그들은 세상에서 가장 지겨운 인간들이었다. 기껏해야 쓸데없는 잡동사니를 가지고 오는데, 난 그것에 대해서 고맙다는 말을 해야만 했다. … 그들은 우리 집에 도착하자마자 하루 종일 퍼마시면서 쓸데없는 이야기를 늘어놓았다. 우리를 데리고 인터샵(수입품 전용 매장)에 가는 경우도 있었다. 그곳에서 담배와 소주와 맥주를 샀다. 다시 집에 도착하자마자 담배를 피우고 퍼마셨다. 그러면서 세상에서 제일 형편없는 음악인 독일 팝송을 크게 틀었다. 할머니는 심지어 따라 부르기까지 했다. 이건 정말 이 땅의 지옥이었다.[6]

그뿐이 아니다. 동독인들도 통일이 되면 못생긴 동독의 트라비 자동차를 팽개치고, 번쩍이는 벤츠를 탈 수 있을 것이라 믿었다. 통통거리며 검은 연기를 내뿜으며 여차하면 길거리에 누워 버리는 그 차를 사기 위해 십 년 이상을 기다리지 않았던가. 조금만 참으면 모두가 화장실이 딸리고, 겨울이면 따뜻한 물이 나오는 그런 집에서 살 수 있을 거라 생각했다. 동독인들은 손에 잡힐 듯 가까이 다가온 그들의 행복을 확신하며 잠을 이룰 수가 없었다. 조금만 있으면 서독인이 된다고 믿으면서.

화폐통합으로 다가온 꿈의 실현

통일 분위기에 동독인들의 마음은 잔뜩 달아올랐다. 이제는 서독인이 되는구나 생각하니 밤잠을 이룰 수 없었다. 동독인들의 흥분은 서독의 마르크를 손에 쥐면서 구체화되었다. 얼마나 그리던 서독의 마르크였던가. 서독 마르크만 있으면 이 세상의 뭐든지 할 수 있고, 뭐든지 살 수 있지 않은가.

그래서 통일 방식을 두고 한창 논의가 진행 중일 때, 동독의 한 데모대는 이런 구호를 들고 길거리에 나섰다. "서독 마르크여 내게로 오라. 그렇지 않으면 내가 네게 가리라!" 이 구호로 드러난 것은 동독인들의 속마음이었다. 통일을 원한다고 했지만, 실지로 그들이 바란 것은 서독의 돈이었다. 결국 서독인들처럼 사는 것이 동독인들의 꿈이었다. 초기 단계의 동독 데모대가 외치던 "우리는 한 민족이다"라는 구호는 시간이 지나면서 이렇게 바뀐 것이다.

동독은 서독과의 국가조약을 체결함으로써 서독의 모든 제도를 도입하기로 결정했다. 이 조약에 대해 누구도 이의를 달지 않았다. 우선은 통일 진행 속도가 너무 빨라 국가조약 내용을 따져볼 겨를이 없었다. 그리고 조약 내용이 싫다고 한들 다른 대안을 생각해 볼 시간도 없었다. 두 번째는 동독인들의 대규모 서독 이주를 막는 것이 중요한 문제였다. 이들은 통일 방식이 그들의 마음에 들지 않으면, 고향을 등지고 서독으로 떠날 태세였기 때문이다. 그래서 화폐, 연금, 사회보장제도 등 모든 서독 제도를 동독이 도입하게 되었다. 이에 따라 동독인들이 그렇게도 갖고 싶어 하던 서독 마르크를 손에 쥘 수 있는 법적 제도가 마련된 것이다. 동독인들에게 서독 마르크는 자유와 맞먹는 엄청난 가치를 지니고 있었다. 서독 마르크만 있으면 뭐든지 할 수 있다고 믿었기 때문이다.

그런데 문제는 환율이었다. 콜 수상은 동서독의 화폐통합을 언급하는 자리에서, 서독 마르크와 동독 마르크를 1:1로 교환하면 좋겠다고 말했다. 당시 서독 연방은행의 총재는 콜 수상의 발언이 있자마자 바로 반대 의사를 표했다. 그는 서독 화폐가치의 안정에 책임을 지고 있기 때문이다. 당시 서독 화폐는 스위스의 프랑과 더불어 유럽에서 가장 안정적인 화폐였다. 프랑스나 이탈리아 화폐에 비해서 독일과 스위스 화폐는 대단히 안정적이었다.

연방은행 총재는 콜이 주장하듯이 그렇게 동독 화폐가 교환되면 수천조의 마르크가 일시에 시장에 유입되어 서독 마르크의 안정을 해칠 수 있다고 했다. 때문에 그는 동독 화폐를 점진적으로 서독 마르크와 교환할 것을 주장했다. 그리고 환율도 1:1이 아니라 2:1 또는 3:1로 해야 한다고 주장했다. 이는 경제 전문가들의 입장을 대변하는 의견이었다고 볼 수 있다. 실제 당시의 무역에서의 환율은 4.4:1이고 암시장에서는 10:1 정도였다. 뿐만 아니라 다음 표에서 알 수 있듯이[7] 동독 화폐는 점점 약해지는 중이었다.

연도	동독 마르크 : 서독 마르크
1970	1.7 : 1
1976	2.0 : 1
1985	2.5 : 1
1988	4.4 : 1

동서독 내부 화폐 교환비율 추세

콜 수상은 전문가들과 야당의 경고를 무시하고 1:1로 바꾸게 했다. 14세까지는 2천 마르크, 15세부터 59세까지는 4천 마르크, 60세 이상은 6천 마르크를 1:1로 교환할 수 있게 했다. 콜은 이런 교환비율을 선거 직전에 공포했다. 그러니 콜은 적어도 동독인들 눈에는 인간의 모습을 한 구세주처럼 보였다. 동독인들은 그런 콜의 능력에 투표로써 보답했다.

이때 동독에서의 여론조사에 의하면 화폐 교환비율을 발표하기 전 콜 수상의 기민당(실제로는 우파 연합 정당)은 11% 지지를 받고 있었다. 반면에 사민당 지지율은 54%로 압도적이었고 통합사회당 후신인 민주사회당은 12%의 지지율을 유지했다. 그런데 동독인들이 1:1로 화폐를 교환하기로 공포한 다음부터는 분위기가 완전히 바뀌었다. 1990년 3월 투표 결과는 예상을 완전히 뒤덮었다. 콜의 기민당은 48.1%, 사민당은 겨우 21.8%, 민주사회당은 16.3%를 얻었다.

이렇게 콜은 통일정책을 선거에 이용한 것이다. 동독인들은 콜의 정책에 눈물로 고마워하고 투표로 감사를 표했다. 물론 그 환희의 눈물은 조금만 지나면 절망의 피눈물로 바뀌게 된다.

행복의 절정과 깨어진 꿈

독일은 1990년 10월 3일 전 세계가 지켜보는 가운데 동서독의 통일을 공식적으로 선포했다. 독일인들은 다시 찾은 조국의 통일에 흥분을 감추지 않았다. 당시 베를린 시장인 몸퍼Walter Momper는, "세상에서 가장 행복한 민족"이라고 했다. 수많은 동독인들은 감격의 눈물을 흘리며 길거리로 나섰다. 이들은 서독 국기를 흔들었고 또 어떤 사람들은 가운데에 큰 구멍이 난 동독 국기를 흔들었다. 서독 국기에 망치와 컴퍼스를 가운데 그려 놓은 것이 동독의 국기이므로, 그것만 오려내면 서독 국기가 되기 때문이다. 독일은 이렇게 우리나라의 개천절에 하나가 된 것이다. 당시 유학생으로 독일에 체류하던 필자의 마음도 그들과 함께 들떠 있었다. 이렇게 해서 독일은 통일이 되는구나 하면서 독일을 부러워했다. 당시 한국인이면 누구나 독일 통일을 부러워했을 것이다.

서독 화폐인 마르크를 동독에 도입한 이후 동독인들은 정말 행복에 젖어들었다. 이 세상 무엇이든 할 수 있을 것 같았다. 우선 서독 텔레비전 광고에 나오는 물건을 구입했다. 모든 게 꿈만 같았다. 그간 외제 물건은 인터샵이라는 외제 상품 전용 가게에서 구할 수 있을 뿐이었다. 그것도 동독 마르크가 아니라 서독 마르크를 가져야 살 수 있었다. 암시장을 통하지 않고는 서독 마르크를 구할 수 없었기 때문에 이것은 일반인들에게는 그림의 떡이었다. 그나마 서독에 친척이 있는 사람들은 소포에 들어 있는 외제를 가져 볼 수 있었다. 나머지 사람들에게 서독 제품은 머나먼 나라의 이야기였다.

많은 동독 사람들은 엉성한 동독제 텔레비전을 던져 버렸다. 좀 아깝기는 했다. 그 너절너절한 동독제를 사려면 6개월 정도의 월급을 고스란히 바쳐야 살 수 있었다. 텔레비전과 같은 소비재는 동독에서 아주 비쌌기 때문이다. 하지만 '지상의 천국'인 서독이 동독에 도래했는데, 지상의 먼지를 터는 기분으로 과감히 버렸다. 그리고 산뜻한 서독제 텔레비전을 샀다. 비 내리지 않는 깨끗한 화질에 행복감은 한층 더했다. 그림 같은 서독제 텔레비전으로 서독 방송을 보면서, 광고에 나오는 물건을 하나씩 사 먹기도 했고 입기도 해 보았다. 모든 게 생시 같지가 않았다.

그리고 텔레비전에서나 볼 수 있었던 바나나를 실컷 먹어 보는 일이었다. 당시 동독에서는 외제 과일을 별로 수입하지 않았다. 기껏해야 바나나와 오렌지를 조금 수입했다. 그것도 동베를린에만 조금 공급했기 때문에 나머지 지역에서는 구경조차 힘들었다. 그래서 장벽이 무너지자마자 서독으로 몰려온 사람들은 바나나를 한 보따리씩 샀다. 돈을 얼른 지불하고 가게 앞 길거리에서 먹었다. 한 손에는 바나나 보따리를 들고 또 다른 손으로는 바나나를 연거푸 먹어댔다. 이런 풍경이 서독인들에게는 바나나 먹는 원숭이를 연상시켰다.

그러나 그 달콤한 행복은 오래 지속되지 않았다. 너무나 행복했던 꿈은 금방 깨어졌다. 그것도 너무 빨리 깨어지고 말았다. 기대가 대단했던 만큼 그들의 실망도 대단했다. 가장 큰 참담함은 공장이 문을 닫아 직장이 없어졌다. 동독인들에게 공장이 문을 닫는다는 것은 이해할 수가 없는 일이었다. 동독에서 공장이 폐업하는 일은 없었기 때문이다. 통일 전에는 설사 공장에 문제가 있다고 하더라도 국가는 즉시 다른 곳으로 발령을 내주었기 때문이다. 동독인들이 실업을 이해할 수가 없었다. 통일 전 동독의 실업률은 0%였기 때문이다. 아침을 먹은 후에 일하러 갈 곳이 없다는 것은 도저히 이해할 수 없는 노릇이었다.

동독 정부는 아이가 태어나면 탁아소를 구해 주고, 학교도 정해 주고 이들이 자라면 직장까지 정해 주었다. 물론 내용적으로 보면 공부하고 싶다고 아무나 하는 것도 아니고 직장도 내가 원하는 대로 구해지는 것도 아니었다. 아무튼 실업자는 한 명도 없었다. 그러니까 동독 정부는 교육, 직장, 주택, 보험 등 모든 것을 마련해 준 것이다. 그렇게 살던 동독 사람들이 실업을 이해할 수 없는 것은 당연했다. 더구나 동독 사람들에게 직장은 생활의 중심이었고, 개인생활과는 아주 밀접한 관계를 맺고 있었다. 사회생활, 정치활동, 취미활동 등 모든 것이 직장을 중심으로 이루어졌다. 직장이 없으면 개인생활도 상당히 의축될 수밖에 없었다. 즉 동독인들에게 실업자가 되었다는 것은 사형선고나 마찬가지였다. 사회생활로부터 매장된 것이나 마찬가지기 때문이다.

통일은 실업과 물가 인상부터

통일과 더불어 동독인들에게 찾아든 것은 실업이었다. 청천벽력 같은 실업은 서곡에 불과했다. 집세 고지서가 날아 오자 눈을 닦고 다시 보아야 했다. 월세가 몇 배씩 뛰었다. 집주인들이 집세를 대폭 올린 것이었다. 그동안은 집세가 아주 쌌다. 많은 집들이 협동조합이

나 국가에 속해 있었기 때문이다. 방 두 개에 거실 하나인 아파트의 월세가 우리 돈으로 약 4만 원 정도에 불과했다. 정부가 보조금을 많이 지급했기 때문이다.

그런데 그런 집들이 동서독 국가조약에 의거해서 동독 건국 이전의 소유주에게 귀속되었다. 또는 신탁청이 많은 집들을 주택회사나 개인에게 팔았다. 정부보조금이 사라지면서 집세가 껑충 뛰어오른 것이다. 노동자 월급은 당시 동독 마르크로 대략 1천 마르크인데, 서독 화폐와 1:1로 환산하면 약 50만 원 정도가 된다. 여기서 집세를 몇 배 올려 내고 나면 생활이 어려워진다. 더구나 실업자거나 연금생활자라면 사정은 더욱 나빠진다.

동독인들의 분통 터질 일은 여기서 그치지 않았다. 빵집에서 또 한 번 터졌다. 우리 돈으로 환산해 100원 남짓하게 주면 1킬로그램짜리 큰 식빵을 살 수 있었다. 그런데 이제는 똑같은 빵을 몇 백 원씩 지불해야만 살 수 있게 되었다. 정부보조금이 사라졌기 때문이다. 동독 정부는 빵과 집세처럼 생활에 필수적인 곳에는 보조금을 주어 사람들이 최소한의 생계를 유지하게 했다.

그래서 닭을 키우는 사람들은 심지어 밀을 닭 모이로 쓰는 것보다 빵을 사서 닭 모이로 주는 것이 더 싸게 먹혔다. 빵에는 많은 정부보조금이 있었고 밀에는 보조금이 들어 있지 않았기 때문이다. 정부보조금의 부정적 측면을 더 들어보자. 가게에서 싼 계란은 내가 정부에 판매한 계란보다 더 쌌다. 계란에 보조금이 들어 있기 때문이다. 그래서 가게에서 계란을 사다가 다시 정부에 판매하여 돈을 남기기도 했다. 이처럼 동독에서는 가격 구조가 왜곡되어 있었다. 정부가 생필품에 대해서 많은 보조금을 지불했기 때문이다. 그러나 꼭 필요하다고 생각하지 않은 것에 대해서는 높은 가격을 매겼다. 예를 들어 감자 5킬로그램에 4마르크, 방세는 75마르크에 불과했다. 하지만 진바지는 135마르크, 카세트 겸용 라디오는 무려 한 달 월급에 맞먹는 1,160마르크, 컬러텔레비전은 노동자 월급의 다섯 배를 넘는 5,650마르크였다.[8] 버터와 치즈도 품질은 좋아졌지만 가격이 몇 배나 뛰어올라 그림의 떡이 되었다.

이건 천국에 도달한 것이 아니라, 잠시 천국에 있다가 지옥으로 떨어진 것이나 마찬가지였다. 동독인들이 이제 자본주의의 맛을 따끔하게 보기 시작한 것이다. 그래서 라이프치히 주민들은 또다시 1991년 3월 길거리로 나섰다. 데모대의 구호는 "호네커에게 속았고 콜에게 사기당했다." 공식적 통일 후 5개월 만에 동독인들은 데모를 시작한 것이다. 동독 정부의 통치 불능 상태 시점부터 계산한다 하더라도 1년 4개월여 만에 동독인들의 불만이 가시화된 것이다. 이렇게 수많은 동독 주민들의 행복에 대한 환상은 사라지고 만 것이다.

| 제2장 |

잘못 꿴 통일의 첫단추 : 동독도 망하고 서독도 망하고

1. 정치가와 노동조합이 망친 경제

처참히 몰락하는 동독 경제

통일 전 동독은 사회주의 국가들 중 공업화가 가장 잘된 나라였다. 그런 동독의 경제가 통일 후 갑자기 몰락한다. 이른바 동유럽에서 가장 잘 나가던 동독이, 부자 형제인 서독의 도움을 받으니 더 부유해져야 되는 것이 아닌가. 동구 제일의 부자인 동독이 유럽의 제일 부자인 서독으로부터 엄청난 지원을 받았으니, 서독만큼 잘살아야 되지 않는가. 더욱이 서독의 콜 수상은 5년 이내에 서독 수준의 복지를 누리게 해 주겠다고 하지 않았던가. 이런 의문은 꼬리에 꼬리를 문다.

동독은 통일 전 동구에서 산업 생산과 기술 면에서 선두를 달리고 있었다. 그래서 동독은 동유럽 사회주의 국가들이 필요로 하는 기술과 제품을 제공하는 전진기지 역할을 했었다. 동독의 공업 생산품과 자본재 등은 동독의 주요 수출품이었다. 실제 동독 수출품의 70% 정도가 이들 동구권으로 팔려나갔다. 동독인의 생활수준은 영국의 중산층과 맞먹을 정도라는 주장도 있었다. 그러던 동독이 서독과 경제·화폐 통합을 하자 사정이 완전히 바뀌었다. 사회주의에서 일등을 자랑하던 공업 강국의 모습은 사라지고 단번에 나락으로 떨어지고 말았다.

고르바초프가 소련에서 개혁을 시작한 이후 동구의 많은 나라들이 사회주의에서 자본주의로 바뀌었다. 지난 20여 년 사이에 구 소련을 비롯해서 폴란드, 헝가리, 체코, 구유고 연방 등 거의 모든 나라가 사회주의 계획경제에서 자본주의 체제로 바뀌었다. 구 소련이 해체된 이후 러시아가 시장경제 질서를 도입하면서, 소련의 위성국가들이 그 뒤를 따랐기 때문이다.

사회주의에서 자본주의 체제로 넘어간 모든 나라들이 커다란 어려움을 겪고 혼란에 빠졌다. 일부 국가들은 체제가 바뀐 지 20여 년이 넘었지만 여전히 혼란에 빠져 있다. 그렇지만 이들 나라 중에서 그 어떤 나라도 동독만큼 경제가 철저히 파괴된 나라는 없다. 폴란드, 체코, 헝가리 등 그 어떤 나라를 둘러보아도 동독처럼 요란하게 망한 나라는 없다. 예를 들어 보자. 1989년 11월 9일 베를린 장벽이 무너진 후 1년 사이에 동독의 산업 생산성은 약 50%로 줄었다. 이뿐이 아니라 960만의 취업자는 650만으로 줄었다.

동서독 사이의 경제·화폐·사회 통합은 1990년 7월 1일부터 시행되었다. 다음(67쪽)의 그래프에서 알 수 있듯이 동독의 공업생산지수는 그해 6월부터 급속히 줄어든다. 1989년의 생산지수를 100으로

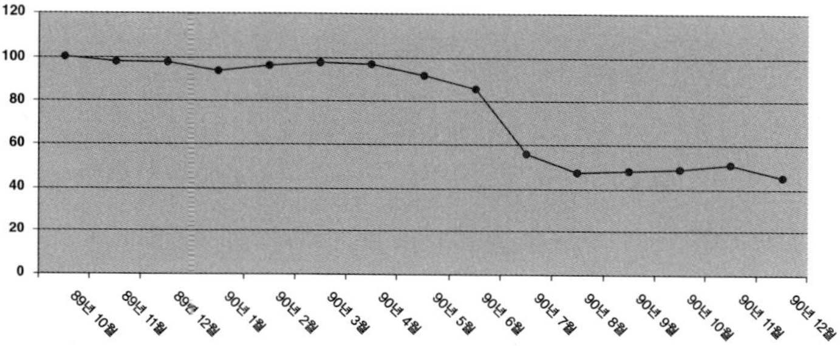

동독의 공업생산지수(1989년=100%)[9]

했을 때, 1990년 8월에는 거의 반으로 줄어든다. 모든 분야에서 생산지수가 떨어졌지만 특히 심한 분야가 건축자재, 섬유, 금속 분야였다. 이 분야는 1988년 12월부터 1990년 12월 사이에 70%에서 75% 정도로 줄어든다.[10]

재고만 쌓이는 동독 제품

그런데 왜 화폐통합 이후에 공업 생산지수가 떨어졌는가. 그 이유는 간단하다. 동독 제품이 안 팔리기 때문이다. 동독 제품은 이른바 경쟁력을 상실했기 때문이다. 다음의 사진(68쪽)에서 볼 수 있듯이 동독의 상품들은 서구의 상품과 비교해서 질이 많이 떨어진다. 사진의 왼쪽은 커피 필터이고 오른쪽은 레몬 즙을 짜는 용기이다. 모두 질 낮은 동독산 플라스틱으로 만든 것으로 서구 시장에서 경쟁력을 기대할 수 없는 제품이라는 것은 사진으로도 알 수 있다. 동독

질 낮은 동독 제품

의 많은 제품들이 이처럼 서구 제품과는 경쟁을 할 수 없을 정도로 낮은 품질을 지니고 있었다.

화폐통합 전까지만 해도 사정은 달랐다. 동독 기업은 동독 내에서는 독점공급 체제를 유지했고, 수출 대상국의 대부분은 사회주의 국가에 밀집되어 문제가 없었다. 그러나 이제는 대내외 사정이 완전히 바뀌었다. 독점공급 체제가 끝이 나고 시장경제가 도래한 것이다. 그래서 국가가 모든 것을 챙겨 주던 시대는 지났다. 원자재 공급에서 제품 판매까지 국가가 일일이 신경을 써 주던 시대는 끝이 났다. 이제는 기업 스스로 모든 것을 알아서 판단해야 한다. 그런데 지금까지 그렇게 해 본 적이 없던 기업인데 어떻게 갑자기 적응할 수 있겠는가.

동독의 상품도 이제는 국가의 보호에서 벗어나 시장경제에 노출되었다. 동독 상품이 경쟁력을 상실한 가장 큰 이유는 품질에 비해서 가격이 갑자기 비싸졌기 때문이다. 화폐통합으로 동독 마르크는 이론상 4배 정도가 비싸졌다. 이 때문에 동독 제품은 하루아침에 경쟁력을 상실하게 된다. 품질이 하루아침에 그 정도로 좋아진 것도 아니고 그렇게 갑작스럽게 변할 수도 없다. 동독 생산품은 그 품질에 비해서 가격이 너무 비싸져, 국내외 구매자들이 외면하기 시작했다. 그 가격이면 서구 제품을 살 수 있기 때문이다.

가격이 비싸졌다고 하더라도 제품의 질이 그에 비례한다면 별 문제가 없을 것이다. 그렇지만 제품의 품질을 하루아침에 개선한다는 것도 쉽지 않을 뿐더러, 동독 현실상 거의 불가능한 요구였다. 우선 생산시설 대부분이 1950년대의 것으로 낡았다. 그것만이 아니다. 일부는 바이마르 시절인 1920년대 것도 있었다. 심지어는 1백 년이 넘은 19세기의 시설도 있었다.

이 생산시설로 그간 버틸 수 있었던 것은 동독 내에서는 독점공급 체제였기 때문이다. 그리고 동독보다 사정이 더 나쁜 동구의 사회주의 국가로 수출되었었기 때문이다. 그러나 지금은 사정이 완전히 달라졌다. 이제는 동구에서조차 선진 공업국가들의 제품과 경쟁을 벌여야만 했다. 국가가 개입하여 문제를 해결해 주던 시대는 지났다. 국가 자체도 망해 가는 판국에 각 개별 기업에 대해 신경 쓸 여력이 남아 있을 리 없었다.

동독인들도 동독 상품 외면

화폐통합 후 동독 제품들은 품질에 비해 가격이 갑자기 뛰었다. 품질은 그대로인데 가격만 치솟았다. 물론 경제 통합 후 비용과 가격 상승 압력이 크게 발생할 수밖에 없었다. 그런데 문제는 동독 제품이 잘 팔리지 않다는 점이었다. 동독에서 만든 제품을 동독 주민들마저 외면한다는 것이 문제였다. 지금까지는 독점공급 체제하에 살았기 때문에 동독 주민들로선 선택의 여지가 없었지만, 이제는 다양한 상품을 기호에 맞게 골라 살 수 있게 되었다.

동독 사람들은 자신들이 생산한 제품은 일단 제외시킨 다음 무엇을 살 것인가를 생각했다. 동독 사람들은 이전부터 서독 제품을 얼마나 선호했던가. 그렇지 않아도 텔레비전 광고를 통해 접했던 서독이나 서방 국가의 상표들이 이들에겐 신비롭게 각인돼 있었다. 그러니 비슷한 가격이라면 굳이 동독 제품을 사야 할 이유가 없었다.

화폐·경제 통합이 있은 뒤 첫 몇 주 동안 동독 지역에서는 동독 제품을 찾아보기 힘들었다. 가게 진열장에는 서독이나 서방 국가들의 제품이 넘쳤다. 당시 판매가 극히 저조했던 동독 제품을 예로 들어 보자. 커피와 코코아의 경우 겨우 4%, 초콜릿은 6%, 치즈는 12%, 설탕은 24%, 세제는 28%만 동독 제품이 팔렸다. 나머지 판매비율을 채우는 것은 물론 품질도 포장도 좋은 서구 제품이다.

커피와 코코아가 4% 정도만 팔렸다는 것은 흥미롭다. 커피와 코코아는 동독에서 이른바 뇌물로 흔히 주고받던 물품이었다. 이 비율만 보더라도 동독보다는 서구 제품의 선호도가 훨씬 높았다는 것을 알 수 있다. 1990년 9월의 예를 들어 보면 동독으로 반입된 서독 제품은 1년 전 같은 달에 비해 277% 증가하였다. 소비재뿐이 아니라 투자재 부문도 역시 마찬가지로 크게 격감했다. 1990년 12월 동독의 시멘트 생산량은 1년 전에 비해 겨우 21%에 불과했다.[11]

같은 논리로 동구권 국가들의 소비자도 굳이 동독 제품을 사야 할 이유가 사라졌다. 동구 국가들의 경제협력체인 코메콘은 1990년에 들어서면 근본적인 변신을 꾀한다. 1989년의 동구의 정치적 변화에 반응을 보인 것이다. 그래서 코메콘은 중앙계획경제에서 시장 중심의 무역제도로 변신하기로 합의했다. 그나마 이것도 1년 후에는 해체된다. 동구권도 굳이 동독으로부터 제품을 구입해야 할 의무가 사라졌다. 이제 동독 제품은 동구권에서조차 그 자리를 빠르게 잃어 갔다. 예를 들어 1990년의 경우 동독 수입의 65%와 동독 수출의 78%가 동구권 국가들과 이루어졌다. 그런데 화폐통합이 이루어지면서 코메콘과의 협력관계가 사라지자 동독의 대 동구권 수출은 급감했다. 이는 세계 시장과 동떨어지게 운영되었던 동독 기업들의 숙명이었다.

1990년 화폐통합 이후 동독 기업들의 대 서독 수출량은 큰 변화가 없었다. 반면에 1991년 1/4분기의 대 동구권 수출은 전년도 같은 기간과 비교해 40% 정도 추락했고 수입도 51%로 줄어들었다. 같은 기간에 선진 공업국가에 대한 수출은 거의 반으로 줄어드는 반면에 수입은 거의 변화가 없었다.[12] 이는 동독 기업들이 만드는 상품이 경쟁력이 없다는 것을 말해 준다. 동독 기업들은 상품 경쟁력뿐 아니라 경영과 무역 등에서도 충분한 지식을 갖추지 못했기 때문에 충격은 가중되었다.

역사화된 동독 제품들

동독 사람들이 동독 제품 대신에 다른 선진국들의 상품을 구매한 것을 두고 비판을 할 수도 있다. 그러나 이것은 당시 사정을 무시한 도덕적 비판일 것이다. 왜냐하면 동독 제품은 앞에서 말했듯이 서독이나 다른 선진국의 제품에 비해서 질이 많이 떨어지기 때문이다. 물론 모든 동독 제품이 모두 형편없는 것은 아니었다. 예를 들어 마이센의 도자기는 서독 중산층과 부유층이 수집하는 세계적인 명품이다. 또한 프락티카 카메라와 같은 제품은 가격에 비해서 성능은 좋은 편이라 서구 사진 애호가들로부터 호평을 받았다. 그렇지만 대부분의 동독 제품은 질이 형편없이 낮았다. 즉 당시 동독 제품을 서독 제품과 직접 비교해 보면 오늘날의 싸구려 중국 제품 같은 인상을 준다. 특히 생필품의 품질은 서독의 그것과 비교할 수 없을 정도이다.

필자는 유학생 시절이 끝나갈 즈음인 1989년 말에 비로소 그것을 체험할 수 있었다. 당시 우리는 공산국가인 동독을 여행할 수 없었다. 베를린 장벽이 무너지긴 했지만 동독으로 여행할 용기도 나지 않았고, 법적으로는 여전히 허용되지 않았기 때문이다. 그 이외에도 당시의 민족주의적 분위기가 겁이 났던 것도 사실이다. 필자의 경우 같은 기숙사에서 있던 옆방 독일 학생이 동독에 다녀왔다면서 건네준 음식을 보고 처음으로 동독의 소비재 사정을 알 수 있었다.

서독의 상품에 익숙해져 있던 필자는 눈을 의심하지 않을 수 없었다. 먼저 비닐 포장을 한 소시지를 보았다. 진공포장이 아니라 그냥 커다란 비닐 봉투에 넣어 밀봉을 한 것이었다. 공장에서 포장한 것이 아니라 개인이 소시지를 봉투에 넣어 촛불로 봉한 것만 같았다. 거기다 포장을 한 종이는 60년대 우리나라에서 쓰던 누런 종이에 구멍이 듬성듬성 나 있는 것이었다. 포장 상태를 보면 전혀 먹고 싶은 마음이 생기지 않았지만 용기를 내서 먹어 보았다. 역시 서독의 그것과 비교가 안 됐다. 요즘 우리나라에서 팔리는 싸구려 소시지 정도의 맛이었다.

당시 동독에는 모든 물자가 귀했다. 특히 생활에 꼭 필요한 것이 아니면 생산하지 않거나 그냥 저질이라도 만족해야 했다. 예를 들면 포장지는 발달하지 못한 분야였다. 그래서 물건을 살 때 포장을 않고 건네는 경우가 많았다. 이런 습관은 요즘도 드물지 않게 경험할 수 있다. 필자의 경우 동독 지역의 한 갤러리에서 경험할 수 있었다. 전시회 구경을 하고 전시도록을 하나 샀다. 그때 판매하는 사람이 그 아름다운 도록을 폐신문지에 둘둘 말아서 이렇게 가져가도 되겠느냐고 물었다.

요즘에는 더 이상 구 동독 시절의 물건을 구경하기 힘들다. 찾는 사람이 없어 만들지 않기 때문이다. 그리고 그런 저질 물건을 만들던 공장의 대부분이 문을 닫거나 완전히 최신식 시설로 바뀌었기 때문이다. 물론 일부 공장은 아직도 동독 당시의 물건을 만드는 경우도 있다. 라이프치히 시내에 가면 당시 동독 시절에 사용되었던 물건을 살 수 있다. 품질이 오늘날 중국제와 비슷하여 멜랑콜리한 느낌을 준다. 주로 관광객들이 들러 기념 삼아 우스꽝스런 동독의 물건을 들었다 놓았다 하다가 기념으로 사기도 한다. 동독 제품은 이렇게 역사화된 것이다. 주말에 개설되는 벼룩시장에 가야 겨우 찾아볼 수 있다. 그러나 실제 먼지 묻은 당시 물건을 사려면 그때 가격의 몇 배를 주어야 한다. 천시당하던 물건들이라 대부분 버려진 탓에 이제는 귀한 몸이 되었기 때문이다.

당시 물건을 가장 쉽게 구경할 수 있는 곳은 비텐베르크에 있는 동독생활박물관이다. 이 박물관은 시민들이 주도하여 만들었는데, 잊혀져 가는 당시 생활을 보존하자는 의도에서였다. 참여한 시민들 자

동독 제품을 팔고 있는 가게의 모습

신들이 오랫동안 쓰던 물건들을 내놓아 진열했고, 서로 돌아가면서 안내를 맡고 있다. 이곳을 찾는 주 방문객은 당시 생활을 자녀들에게 체험시켜 주려고 하는 부모들이다.

이곳에는 당시 동독인들의 생활상을 시대별 주제별로 나누어 진열하고 있다. 시대별로 물건을 전시해 놓은 공간을 둘러 보면서는 사회주의 체제하의 생활상을 간접 체험해 볼 수 있다. 이 박물관에서 받은 인상은 이들이 정말 잘살았구나 하는 것이었다. 더욱이 우리나라의 생활상과 비교해 보면 그런 느낌이 더욱 분명해진다. 적어도 1970년대까지는 동독인들이 한국보다 더 잘살았다는 것을 알 수 있다. 특히 과거로 올라가면 갈수록 한국과의 격차는 더 커진다. 동독인들은 적어도 30여 년 전까지는 한국보다 잘살았다고 말할 수 있을 것이다. 소비 분야에서는 서독보다 많이 뒤떨어지지만 기본 생활은 그래도 할 수 있었구나 하는 것을 이 박물관을 통해서 알 수 있다.

또한 개인이 동독생활박물관을 차려 서방 관광객을 유치하는 곳도 구 동독 지역 여러 곳에 있다. 동독 당시의 모습을 그대로 갖춘 집에 당시 물건을 진열해 놓고 사회주의 시대의 생활상에 대해서 호기심을 갖고 있는 관광객을 유치하는 것이다. 어느 곳은 동독 자동차인 트라비로 관광객을 데려 왔다가 데려다 주는 경우도 있다. 동독은 이렇게 해서 역사화된 것이다.

화폐 교환비율은 서독을 위한 정치적 결정

동독 상품이 경쟁력을 잃게 된 가장 큰 이유가 동독 마르크의 평가절상이라고 앞에서 말했다. 콜 수상은 현실을 무시하고 동독의 화폐 교환비율을 1:1로 정했다. 물론 이런 정치적 결정에 대해서 슈미트 전 수상과 같은 많은 사람들이 공감을 표한 것은 사실이다. 콜 수상의 이런 정치적 결정은 동독인들에게 너무나 큰 선물이었다. 그러나 콜 수상에게 감사하며 기뻐한 것도 잠시뿐, 이 결정은 동독 경제에 치명타가 되었다.

진행된 역사에 대한 가정은 별로 의미가 없다지만, 그럼에도 한번

가정을 해 보자. 만약 동서독 화폐 교환비율을 1:4이나 1:5로 정했다면 동독 상품의 가격 상승 압박은 피할 수 있었을 것이다. 그러면 수입되는 서독 제품은 상대적으로 비싸지기 때문에 수입 억제 효과가 있었을 것이다. 또 이와 더불어 동독 제품은 동독 내에서 뿐 아니라 동유럽 국가에서도 가격 경쟁력을 유지할 수 있었을 것이다. 그랬다면 동독 경제가 생산, 소비에서 균형을 유지할 수 있었을 것이다. 거기다 구조조정을 점진적으로 할 수 있게 되었다면, 동독 경제는 좀 더 튼튼하게 될 가능성이 있었을 것이다.

그러나 반면에 화폐 교환비율이 실제 경제 현실을 반영해서 정해졌다면, 서독 경제는 그것 때문에 부정적인 영향을 많이 받았을 것이다. 서독 제품이 동독에 그렇게 많이 팔리지 않았을 것이다. 동시에 일부 동독 제품은 싼 가격을 무기로 서독으로 파고들었을 것이다. 전반적으로 제품의 품질은 절대적으로 떨어지지만, 신발과 옷감 등 몇몇 품목은 품질과 가격 면에서 경쟁력을 갖출 수 있었을 것이기 때문이다. 그러므로 통일 이후 서독이 몇 년간 누린 경제 활황은 화폐 교환비율이 1:1로 정해진 덕을 본 것이다. 그래서 서독은 통일 직후 경제 성장과 더불어 실업률이 잠시 하락했다.

우선 화폐 교환비율을 1:5로 가정해 보자. 이럴 경우 가장 심각한 문제는 동서독 노동자의 임금 격차가 더 커져 1:15가 되었을 것이다. 동독 노동자의 평균 월급은 1,090 동독 마르크였고, 서독 노동자는

3,291마르크였기 때문이다.[13] 만약 이렇게 결정되었다면 많은 동독인들이 더 많은 월급을 받으러 서독으로 이주할 것이다. 그렇게 되면 서독의 노동시장 및 주택시장 등에 대단한 혼란이 빚어졌을 것이다. 서독 정부는 경제적으로도 사회적으로도 이것을 받아들일 수 없었을 것이다. 그래서 1:1의 교환비율은 정치적으로 내린 결정이라고 할 수 있다.

동서독이 힘을 합쳐 동독 노동자 임금 올리기

비현실적인 화폐 교환비율로 인해서 동독 상품의 경쟁력이 뚝 떨어졌다. 품질은 그대로인데 가격만 올랐기 때문이다. 제품이 팔리지 않아도 동독 노동자의 임금은 계속 상승했다. 1990년 전반기에 23% 정도 올랐는데, 후반기에 또다시 15.8% 올랐다. 그로 인해 가격 상승 압박은 자꾸 커져 갔다. 이렇게 하여 동독 기업의 사정은 점점 더 어려워졌다.

그러면 왜 임금이 상승해야 했는가. 경제 통합 이후에 동독의 각종 보조금이 철폐되었기 때문에 물가가 일시에 폭등했다. 월급이 오르지 않고는 생활하기가 힘들어졌다. 경제·화폐 통합 이후 동독의 모든 제도는 서독 기준에 맞추어져, 동독에 일반화되어 있던 각종 생계보조금이 사라졌다. 그래서 동독 지역에는 각종 생필품 가격이 무차별적으로 인상되었다. 생계비만 상승한 것이 아니다. 동독 주민들은 각종 사회보장 기여금도 새롭게 납부해야만 했다. 의료보험금, 수발보험금, 실업보험금, 연금보험금 등 동독인들에게는 명칭조차 낯선 명목의 기여금이었다. 이로써 동독 노동자들의 생존을 위해서는 임금 인상을 해야 할 당위성이 생겼다.

동독인들의 생각으로는, 생활비가 갑자기 많이 들게 되었기 때문에 그것에 비례하여 임금도 인상되어야만 했다. 동독 노동자가 서독 노동자보다 임금이 낮은 것은 사회 정의에 어긋난다고 생각했다. 또한 동서독 노동자의 교육 수준도 비슷한데, 동서독 사이의 임금 격차가 이 정도로 큰 것은 옳지 못하다고 믿었다. 동독 노동자들의 이런 심리적 요인이 임금 상승에 크게 작용했다. 그 외에도 동독 사람들의 머릿속에 깊이 뿌리 박혀 있던 피해의식도 한몫을 했다. 동독의 실업률은 자꾸 높아져 가는데, 임금마저 높아지지 않는 것은 약자에 대한 착취라고 생각했다. 더욱이 40년간 사회주의 치하에서 고생한 동독 주민들에 대한 임금 격차는 부당하다는 생각이었다.[14]

이런 경제적 사회적 요인 말고 정치적 요인도 크게 작용했다. 예를 들어 콜 수상의 약속을 근거로 들어 동독 노동자들은 임금이 더 올라야 한다고 생각했다. 원인은 이뿐만이 아니었다. 서독 주민보다 낮은 생활수준에 머물고 있는 동독 주민을 위해서 임금은 인상되어야 한다는 정치적 압력도 크게 작용했다. 거기다 선거 당시 기민당이 내세웠던 선거공약도 한몫을 했는데, 동일한 일에는 동일한 임금이 지급되도록 하겠다는 것이었다.

그 외에도 서독 노동조합이 동독 노동자들의 임금 인상에 많은 기여를 했다. 겉으로 보면 서독 노동조합이 동독 노동자들의 임금 인상을 위해 노력한 것은 조금도 이상할 게 없다. 더군다나 동독에는 정권의 시녀 노릇을 하던 노동조합이 해체되고, 이제 막 노동조합이 생겨났기 때문에, 서독 노동조합이 동독의 동료를 돕는 것은 당연했다고 할 수도 있다. 노동조합들 사이의 연대 의식은 일반적이고, 심지어 국경선을 넘어서도 연대 의식을 발휘하는 때가 드물지 않다. 그러나 서독 노동조합이 동독 노동조합의 임금 투쟁을 도운 데는 다른 속셈이 있었기 때문이다.

서독 노동조합의 속셈은 어떻게 해서라도 동독 노동자의 서독 이주를 막자는 데 있었다. 동독 노동자가 서독으로 대거 이주하게 되면 노동력이 넘쳐 임금 인하를 초래하기 때문이다. 그러니까 명분상으로는 동서독 노동조합 사이의 연대운동이었지만, 실제로는 서독 노동자의 임금이 떨어지는 것을 막자는 것이었다. 서독 노동조합이 이런 이유로 적극적으로 나서서 도움을 주었기 때문에 동독 노동조합은 임금 협상 테이블에서 실력을 발휘했다. 게다가 동독의 사용자 측에서는 임금 협상에 대한 아무런 지식도 경험도 없었다. 결국 동독 노동자의 임금은 생산성 향상보다 더 가파르게 올랐다.[15]

동독 노동자들의 임금이 얼마나 가파르게 상승했는지를 동독의

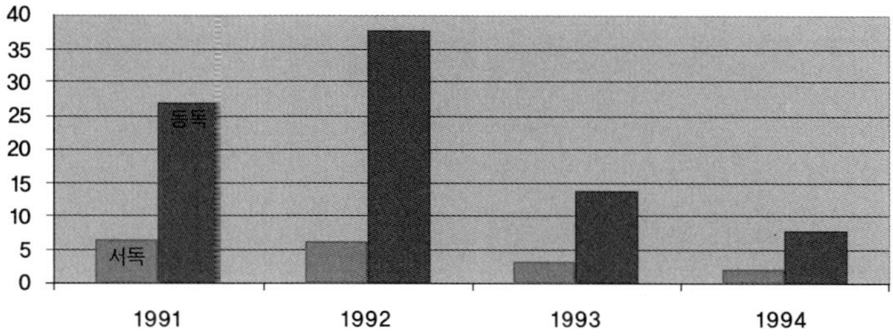

근로자 임금 상승률(%)

산업노동자를 예로 들어보자. 1990년 초에 동독의 산업노동자는 서독 산업노동자의 7.4%를 받았다. 그러다 1990년 7월 1일 화폐 통합을 거친 다음 1990년 말에는 서독 산업노동자의 36.8%를 받게 된다. 임금 상승은 이것으로 그치지 않는다. 1991년 중반에는 서독 산업노동자의 50%를 받게 된다. 이처럼 가파르게 상승하는 동독 산업노동자의 임금은 외국 산업노동자의 임금을 추월한다. 동독 산업노동자의 시간급은 1990년 그리스, 1991년 아일랜드, 1992년에는 미국을 능가했다.[16]

그렇다고 노동 생산력이 임금 상승에 비례해서 증가한 것은 아니다. 때문에 비용 상승 압박은 더욱 커질 수밖에 없었다. 경제 통합 당시 동독의 임금 수준은 그다지 높지 않았다. 전체 제조업을 기준으로 보면 1990년에는 서독의 35%였지만 1994년에는 69.7%로 상승하게 된다.

낮은 생산성의 원인

동독 노동자의 임금이 상승하면서 생산성도 많이 증가한 것은 사실이다. 서독으로부터 현대적 시설이 도입되고 경영이 합리화된 결과였다. 그로 인해 게으른 동독 노동자라는 악명을 많이 벗어나게 되었다. 실제 통일 전 동독 노동자들의 생산성은 서독 노동자들보다 크게 낮았다. 조사 기관에 따라 차이가 좀 나지만 대체적으로 통일된 의견은, 통일 전 동독의 평균 생산성은 서독의 1/3 내지는 1/4에 불과했다는 것이다. 그러나 통일 후 동독의 노동 생산성은 빠르게 향상되어 2002년에는 서독의 71.1% 정도에 이른다. 그 후에 약간 더 증가했지만 서독의 생산성에 이르려면 좀 더 많은 시간이 지나야 한다는 것이 대체적인 의견이다.

이렇게 해서 동독의 노동 생산성은 아직 기대치에 미치지 못하고 있다. 하지만 동독 노동자의 임금은 그보다 더 빨리 상승하여 2002년의 경우 서독의 77.5%에 도달한다. 이것은 독일 정부가 단기적으로 제시했던 목표치인 80%에 거의 도달한 것이었다. 더구나 이 계산에는 동독의 생활비가 서독보다 많이 싸다는 것은 고려하지 않았었다. 가령 가계 지출에서 가장 많은 부분을 차지하는 방세의 경우 동독은 서독의 집세보다 훨씬 싸다. 그래서 동독에 근무하는 공무원들은 서독 임금의 80%를 받는다. 이는 동독의 물가가 서독보다 싸기 때문이다. 그러니까 노동 생산성은 목표에 도달하지 못했지만 임

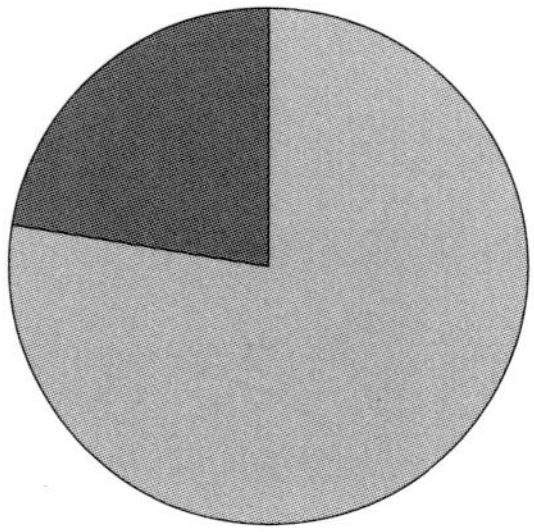

2002년도 동독의 생산성(서독 대비 71.1%)

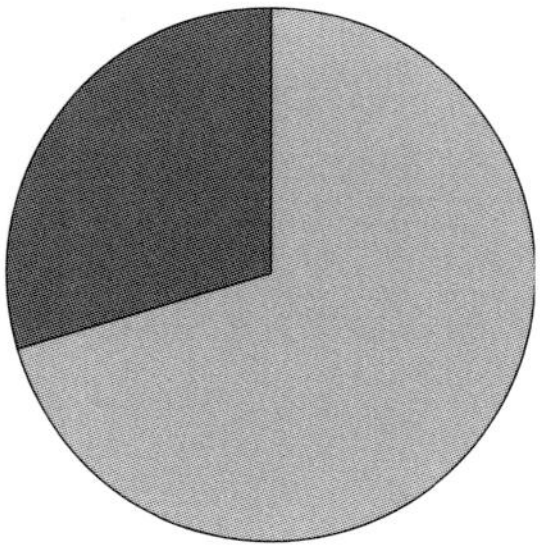

2002년도 동독의 임금(서독 대비 77.5%)

금은 목표치에 거의 도달한 것이다.

그런데 왜 동독의 생산성은 서독보다 낮은가. 여기에는 여러 가지 원인이 있다. 우선 동독의 생산시설들 대다수는 아주 낡아서 경쟁력 있는 상품을 만드는 게 불가능하다. 동독 산업시설 중에서 약 85%가 1965년 이전의 서구 수준 정도이다. 이런 낡은 시설로는 노동 생산성이 낮을 수밖에 없다. 두 번째는 동독 지역의 생산시설의 가동률이 서독의 경쟁 업체에 비해서 낮다. 신생 기업의 생산시설

가동률은 일반적으로 낮아, 동독 지역의 제조업 부문은 1993년에는 72.6%였다가 1998년의 경우 81.9%로 높아진다. 그렇지만 서독의 호황기인 약 90%에 비하면 낮다.[17]

세 번째로 이른바 경영 마인드와 경영 경험이 부족하다. 이것은 당연한 것인데, 동독이라는 '온실'에서 자란 동독 기업들은 그런 지식이 없어도 충분히 생존할 수 있었기 때문이다. 국가의 지원을 받으면서 독점공급 체제를 유지하던 동독 기업이 자본주의를 본격적으로 경험한 것은 통일 이후부터였다. 동독 기업이 자본주의라는 전혀 낯선 세계에 진입하기란 쉬운 일이 아니다. 앞으로도 동독 기업은 자본주의 시장에 대한 지식과 경험의 부족으로 인해 높은 부대비용을 치러야 한다.

동독 기업은 특히 국제무대에서의 경험이 턱없이 부족하다. 그간 수출과 수입의 대부분이 이른바 형제 국가들인 코메콘 국가들과 이루어졌기 때문이다. 같은 사회주의 국가들끼리의 교역은 비교적 수월하였다. 그러나 살벌한 국제무대에서 물건을 팔기 위해서는 전혀 다른 지식이 필요하다. 동독 기업은 그런 국제 경험이 거의 전무한 상태라고 해도 무방할 정도였다. 이런 동독 기업이 이미 형성되어 있는 국제시장에 진출해야 했기 때문에 치른 대가 또한 적지 않았다.

네 번째는 동독 사람들은 자본주의 체제를 부정적으로 바라보는 시각을 갖고 있다. 동독 체제가 교육을 통해서 반자본주의 교육을

시켰기 때문이다. 동독 사람들이 반자본주의적 품성에 대해서는 나중에 언급하겠지만, 이 점은 동독 사람들에게서 쉽게 발견할 수 있는 특징이다. 간단히 말해서 자본주의와 무관한 상황에서 살던 사람들이 자본주의 체제하에서 물건을 만들고 팔게 된 셈이다. 그러니 생산성이 쉽게 높아질 수가 없다.

세 번째와 네 번째 요인이 미치는 영향을 수치로 나타내기는 어려울 것이다. 그럼에도 시장에 대한 경험 부족과 반자본주의적 품성이 실제 미치는 영향은 아주 크다고 봐야 할 것이다. 동독의 많은 서비스 분야가 서독보다 뒤떨어진다는 것은 일상생활에서 쉽게 체험할 수 있다. 예를 들어 해외여행 경험이 부족한 사람이 여행사에 근무하는 경우가 드물지 않다. 이런 사람은 고객이 필요로 하는 정보를 제대로 제공할 수 없다.

더 예를 들어 보면 보험 경험이 없는 사람이 보험회사에 근무하는 경우도 드물지 않다. 또는 자신이 먹어 보지도 못한 과일이나 식품을 파는 슈퍼의 종업원도 쉽게 만날 수 있다. 그래서 좀 깊이 있는 질문을 하면 동료에게 물어보고 전화를 하는 등 혼란한 상황과 맞딱뜨리게 되는 경우가 흔히 있다. 이처럼 경험 부족에서 오는 생산력의 저하는 소홀히 다룰 가능성이 크다. 또 시간이 지나면 자연히 해소될 것이라고 간단히 지나칠 수도 있다. 그러나 이런 것들이 눈에 보이지 않게 생산성에 적잖은 영향을 준다.

과잉 고용의 극치

동독의 생산성이 서독보다 떨어지는 이유는 또 있다. 필자의 견해로 동독 지역은 오늘날에도 여전히 과잉 고용 상태에 있다. 이러한 사실은 서독과 비교하면 금세 확인된다. 동네 슈퍼마켓을 가든 사무실을 가든 쉽게 눈에 띄는 현상이다. 물론 이것은 실업률이 높은 동독에서 하나의 사회적 미덕이라고 할 수도 있을 것이다.

통일 이전의 동독에서는 실업률이 언제나 0%였다. 그 당시 동독은 실업이라는 개념조차 낯선 사회였다. 동독 정부는 실업 문제는 자본주의 현상이며 사회주의와는 무관하다고 정치선전을 했다. 그러나 그 당시에도 실제로는 과잉 고용 중에서도 최악의 과잉 고용 상태였다.

통일 이전 동독에 흔히 있었던 과잉 고용 상태는 다음과 같은 사례를 남길 정도였다. 한 자전거 조립 공장에서 7백 명은 자전거를 조립하는 현장에 있고, 1,500명은 사무실에서 일하고 있었다. 그러나 그 공장의 경우 정반대로 1,500명이 자전거를 조립하고 7백 명이 사무실에서 일하는 것이 정상에 가까운 인력 배치라는 게 당시 서독 전문가들의 분석이었다. 또 어떤 공장이 만약 문을 닫게 되면, 일자리를 잃게 되는 노동자들을 여러 회사에 나누어 근무하게 했다. 그러면 그 회사들은 그 사람들을 위해서 아무 사무실에나 책상을 더 가져다 놓고는 근무하게 했다. 자신의 전문 기술과 완전히 다른 곳으로 발령이 나는 경우도 드물지 않았다고 한다. 이렇게 자리를 옮긴 사람이 무슨 일을 할 수 있을까.

그뿐이 아니다. 과잉 고용 상태에다 근무시간 중에 시장을 보러 가는 일은 다반사였다. 소비재가 부족한 동독에서는 흔히 있는 일이었다. 가게 앞에 줄을 서서 기다리는 시간도 노동 시간에 포함되기 때문이다. 실제 가게 앞에서 줄을 서서 보낸 시간이 전체 노동 시간의 1/3이라는 통계가 있다.

동독 시절에 떠돌던 위트에 이런 것이 있다.

> 한 회사의 전체 모임에서 한 노동자가 이런 제안을 하여 우레와 같은 박수갈채를 받았다. "앞으로는 월요일에만 일하도록 합시다." 박수가 끝나자 한 다른 노동자가 손을 들고 질문을 했다. "그럼 매주 월요일에 일해야 된다는 말입니까?"[18]

통일 후에도 실업률 상승을 우려하여 해고를 피한 경우가 많았다. 물론 통일 전보다 낮지만 과잉 고용 상태는 곳곳에서 확인할 수 있다. 독일 우체국은 1990년을 기해 민영화되었다. 독일 정부가 정부 빚을 갚기 위해 민간에게 넘긴 것이다. 동독 우체국은 서독에 비해서 근무 인원이 많다는 것을 단번에 알 수 있다. 동독 지역의 우체국은 서독처럼 붐비지 않음에도 창구에 직원이 많다. 동네 슈퍼 한구

석에 자리 잡은 우체국에도 2명의 정규직원이 근무하는 데가 적지 않다. 이런 곳에는 이른 아침과 늦은 오후에는 손님이 좀 있지만 낮에는 한가하다. 고객이 없으면 직원들끼리 잡담을 한다. 그것도 많은 경우 창구를 비워놓고 뒷자리에 앉아 잡담을 한다. 이런 과잉 고용 상태는 현재 동독 곳곳에서 볼 수 있다.

필자가 경험했던 일을 예로 들어 본다. 동독 지역은 빈집이 많기 때문에 방을 구하는 것은 아주 간단하다. 방세도 아주 싸다. 길거리에서 복비 없이 방을 중개해 준다는 전단을 나누어 주는 경우도 허다하다. 그래서 방 구하는 사람은 좋지만 복덕방끼리의 경쟁은 아주 치열하다. 빈집이 동독의 모든 도시마다 흔하게 널려 있으니 방을 구하는 사람으로서는 입맛대로 구할 수 있다.

주택임대협동조합이 운영하는 어느 복덕방은 20평 정도의 규모로, 한 사람은 유리로 밀폐된 사무실에서 걸려오는 전화를 받고, 또 한 사람은 그 사무실 옆의 큰 책상에 앉아 고객들과 상담하고 있었다. 그 상담사 앞에는 손님 몇 사람이 순서를 기다리며 의자에 앉아 있었다. 두 직원 사이는 약 5미터 정도 떨어져 있었다. 또 다른 한 사람은 출입구 바로 옆에 있는 작은 책상에 앉아 있었다.

밀폐된 공간에서 전화를 받던 직원은 이따금 고객 상담사에게 전화를 받으라고 소리를 질렀다. 때로는 5미터 가량을 걸어와서는 전화 왔다고 하면서 간단한 농담을 주고받았다. 고객 상담사는 상담을 마치면 컴퓨터로 서류를 작성해 프린트했다. 그런데 정작 프린터는 이른바 전화 교환수가 있는 사무실의 귀퉁이에 있었다. 그래서 매번 5미터 이상을 오가고 있었다.

전화는 자주 걸려 오지 않았고, 전화 업무가 없을 때 그 교환수는 책을 읽었다. 그 교환수는 전화 받는 게 업무의 전부로 컴퓨터도 없었다. 프린터를 상담원 옆으로 옮겨 놓으면 일이 효율적일 것이라는 생각이 들었다. 필자는 출입구 옆에 아무 일도 하지 않고 방바닥만 쳐다보고 있는 사람을 계속 관찰하고 있었다.

그는 사무실 입구의 의자에 앉아서 방바닥만 쳐다보고 있었다. 사람이 들어오건 나가건 아무 상관하지 않고 앉아 있었다. 아무하고도 인사를 주고받지 않았다. 서독에서는 사무실에 들어가고 나갈 때 모르는 사람들이라도 가벼운 인사를 하는 것이 일반적이다. 하지만 동독은 좀 다르다는 것을 알았다. 인사하고 드나드는 사람을 보기 힘들었다. 입구의 이 사람의 역할은 나중에 알았지만, 아침에 사무실 문을 열고 저녁이면 문을 잠그는 것이 전부이다. 그리고 월급을 받는다. 동독 사회에서는 이런 과잉 고용 현상을 아직도 쉽게 찾아볼 수 있다.

낮은 노동윤리

동서독 통일이 되면서 동독 지역에는 노동시장에 큰 변화가 생겨났다. 예를 들면 동독 체제에서 특혜를 누리던 통합사회당 간부들은 모두 공직에서 물러났다. 그 외 고위 공무원, 고위 장성 등도 자리를 떠나야 했다. 변호사를 비롯한 사회주의 체제 시절의 법 관련 종사자들도 서독 법 체계에 대해서 재교육을 받거나 실업자가 되었다. 중·하위직 공무원과 군인, 그리고 경찰들은 재교육을 받고 계속 근무를 할 수 있었다. 특히 군인들은 하루아침에 서독을 겨냥하던 총부리를 거두고, '적국' 서독 군대의 군복을 입고 근무를 했다.

공공기관과 민간 기업체에 일하려고 하는 사람들도 사회주의 법 체계를 잊어버려야만 했다. 그리고 그간의 근무규정들도 머릿속에서 지워야만 했다. 그 대신에 업무와 관련된 서독 법 체계를 배우고 새로운 규정을 익혀야만 했다. 배우고 암기하여 익숙해진 각종 규정들을 머리에서 지우고 새로운 규정을 외우고 지키는 일은 쉽지 않다. 정치, 경제, 사회, 교육 등 사회의 모든 제도가 완전히 바뀌었다. 세상이 바뀐 셈이다.

바로 이 때문에 동독 노동자들이 서독 노동자에 비해서 업무 효율성이 떨어진다. 동독 노동자들의 특징은 서독 노동자에 비해서 많은 업무 분야에서 아직은 충분한 지식이 없다고 할 수 있다. 모든 노동자가 다 그렇다고 할 수는 없지만 과거 동독에 없던 분야에서 일하는 사람들의 경우엔 특히 그렇다고 할 수 있다. 동독 사회에 새로 도입된 분야의 경우는 노동자에 대한 교육이 필요했다. 교육을 받는다고 해서 곧바로 제대로 된 업무를 수행하기란 쉽지 않다. 특히 동독의 일상생활과 거리가 먼 서비스 분야 같은 데에서 동독 노동자들의 비전문성이 쉽게 눈에 띈다. 사회주의 국가 시절엔 서비스 개념이 없었다고 해도 무방할 것이기 때문이다.

예를 들어 세금 및 보험 관련 업무에 종사하는 사람이 해당 약관을 제대로 숙지하지 못해 잘못 조언하는 경우가 아직도 종종 있다. 특히 일상적으로 처리하는 업무가 아닐 경우 나중에 수정해야 될 경우가 많다. 동독 사회에는 없었던 분야로 업무 경험이 적기 때문이다. 이런 이유로 서비스 분야에 종사하는 동독 출신의 사무직 노동자들이 서독 출신에 비해 전문성이 크게 떨어지는 것은 당연하다. 자신이 경험해 보지 않았으니 해당 지식이 높지 않을 수밖에 없고, 서독 출신에 비해 전문성과 생산성이 아직은 떨어질 수밖에 없다.

한번은 필자가 우체국에서 책을 가장 싸게 한국으로 부치는 방법에 대해 물었다. 몇 가지 방법이 있다는 것을 듣고 한 가지 방법을 정했다. 그리고 좀 있다가 등기를 추가로 요구했다. 그러자 갑자기 창구 직원이 불쾌한 표정을 짓는 동시에 안절부절못하면서 그걸 왜 이제 말하느냐며 질책을 했다. 실제로는 그 창구 직원이 추가 요구사항 처리법을 잘 모르고 있었다. 결국 옆에 있는 직원에게 물어보고서야 등기로 부쳐 주었다.

이런 예는 어느 직종이든 평소 담당자에게 익숙하지 않은 업무 처리를 의뢰할 때 흔히 경험할 수 있다. 그리고 뭔가 잘못이 발생했다고 하면 즉각적으로 그 잘못을 남에게 돌린다. 우체국의 경우에는 직원 자신의 무지를 고객인 필자에게 돌렸다.

서독 직원의 경우엔 잘 모르는 업무라면 즉시 업무안내서를 찾아보는 것이 일반적이다. 그런데 동독 직원들은 업무안내서를 찾아보는 것이 아니라 옆 동료에게 묻는다. 그러면 그 동료는 하던 일을 멈추고 동료를 도와준다. 때로는 다른 일을 하던 동료들까지 몰려와서 다 같이 업무안내서를 찾아보면서 의논한다. 이것은 숙련도의 문제이기도 하지만 기본적으로 일하는 방식의 문제이다. 혼자서 처리할 수 있는 일을 다른 동료들까지 동원해 처리하면 그만큼 생산성은 떨어지게 된다.

80년대 동독에서 일어난 사건이다. 다섯 명 정도로 구성된 작업팀이 하루 종일 한 일이라고는 벽돌 한 줄을 쌓은 게 전부였다. 그렇게 길지 않은 담장에 달랑 벽돌 한 줄만 올려놓은 것이었다. 쉽게 말하자면 이들은 벽돌 한 줄 올려놓고 하루 종일 논 것이나 마찬가지였다. 그래서 이들은 너무 게으르다는 죄목으로 법정에 서게 되었다. 그러나 이들은 곧바로 무죄 판결을 받고 석방되었다. 석방판결 이유는 하루 작업량이 규정에 정해져 있지 않았기 때문에 얼마를 하던 그것은 노동자의 재량이라는 것이었다.

이런 비슷한 일을 또 예로 들어 보자. 필자의 지인은 서독에서 고장으로 재직하고 있었다. 그는 80년대에 서독으로 이주한 동독 사람들을 틈틈이 도와주었다. 일자리를 알아봐 주기도 하고 새로운 환경에 잘 적응하도록 상담도 해 주었다.

한번은 지인이 세 사람의 동독 사람들에게 지붕 고치는 일을 알선해 주었다. 지인은 그들이 일을 제대로 하고 있는지 궁금해 현장에 들렀다. 그런데 그들은 지붕 위에서 아무 일도 하지 않고 잡담만 하고 있었다. 지인이 왜 일을 하지 않느냐고 물었더니, 못이 떨어졌다는 것이었다. 아무도 못을 올려다 주지 않아서 일을 할 수 없다는 것이었다. 이들은 자신들이 지붕에서 내려와 못을 가지고 가야 한다는 것을 생각조차 않았던 것이다.

이처럼 서독 사람과 달리 동독 사람들에게서 쉽게 찾아볼 수 있는 특징이 있다. 그것은 독자적으로 결정하고 그것에 대해서 책임지는 경우가 드물다. 또 적극적으로 무엇을 추진하는 경우보다는 수동적인 경우가 많다.

정치가와 노동조합이 망치는 경제

통일 후 좋아져야 될 동독의 경제 사정은 좋아지기는커녕, 통일 후 잠시 좋아졌다가 계속해서 나빠졌다. 동독이 경제 성장의 동력이 되어 독일 전체의 경제를 부상시킨다는 것은 불가능하다는 것이 드러났다. 동독이 "번영의 땅"이 되어 독일 전체를 한 단계 끌어올린다는

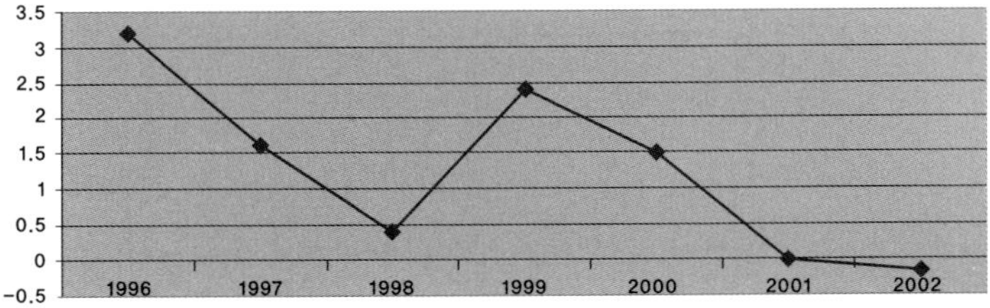

동독의 국내 총생산 변화[19]

구상은 허구로 드러난 셈이다. 예를 들어 2001년 동독의 경제는 제로 성장에 머물더니, 2002년에는 마이너스 0.2% 성장을 한 것이다. 마이너스라고 해 봐야 겨우 0.2%에 불과했지만, 심리적 충격은 대단했다. 동독은 성장하는 것이 아니라 결국 몰락하고 말 것이라는 느낌을 주었기 때문이다.

경제 사정이 좋지 않으니 동독의 실업자는 계속 늘어났다. 실업자가 늘어나면서 정치적 경제적 사회적 문제도 자꾸 커져갔다. 정치적으로는 동독 공산당 후신인 민사당의 득표율이 높아졌다. 동독 사람들은 이처럼 극좌당인 민사당 아니면 극우 쪽으로 흘러갔다. 실업 문제는 이렇게 정치적으로 사회적으로 동독 지역의 가장 중요한 이슈가 되었다.

이제 동독 사람들은 콜 수상한테 속았다고 생각했다. 콜 수상에 대한 지지도는 크게 떨어졌고, 동시에 여당이니 기민당의 인기도 계속해서 떨어졌다. 여당으로서는 여간 큰 고민이 아닐 수 없었다. 동독뿐만 아니라 이제는 서독 사회의 불만도 자꾸 불거져 나왔다. 실업자가 증가하면서 정부 지출도 자꾸만 늘어났고, 이에 따라 서독 사람들의 세금 부담률이 높아지고 실업보험을 비롯한 각종 보험료의 상승 압박도 커져 갔다. 그뿐이 아니다. 경제성장률도 자꾸만 줄어들어 동독 지역뿐 아니라 서독 지역의 실업자도 늘어났다.

1998년은 선거가 있는 해였다. 자꾸만 줄어드는 일자리 문제를 해결하지 않으면 콜 수상이 선거에서 이길 가능성이 희박했다. 그래서 콜 수상은 1997년 동독의 일자리 만들기 위원회를 구성하여 10만 개의 일자리를 창출하려고 했다. 그리고 서독이 수입하는 상품 중에서 동독의 것은 겨우 3%를 차지하고 있었는데, 이 비율을 증가시키려고 노력했다. 연방정부, 주정부, 노동조합, 사용자가 모두 머리를 맞대고 의논했다. 그렇지만 이러한 정부의 노력과는 반대로 일자리는 더욱 줄어, 90년대 초반보다 60만 개가 더 적은 595만 개가 되었다. 일자리는 줄고 실업자는 계속해서 늘어난 것이었다.

동독 지역에서 일자리가 줄어감에도 불구하고 노동조합은 임금을 더 올려서 서독 수준이 되어야 한다고 주장했다. 예를 들어 금속 전기 산업은 1996년에 주당 3시간 만 일을 더 하면 바로 100% 서독 수준에 도달했다. 동독의 시간당 평균 임금 수준은 1997년에 18.57 마르크였고 서독은 26.36마르크였다. 이는 프랑스보다 2마르크나 높은 수준이었다.[20]

2. 실업자와 극우파만 번성하는 동독

넘쳐나는 수많은 실업자

동독 지방을 여행하다 보면 곳곳에서 폐허로 변한 공장들을 볼 수 있다. 그런 폐허가 없는 곳이 없다. 수도 베를린에서 남쪽의 드레스덴까지, 대도시에도 있고 중소 도시에도 있다. 문을 굳게 닫은 공장들은 도시 변두리에도 있고 도심 한가운데에도 있다. 공장 지붕에는 잡초가 무성하고, 심지어 나무까지 자라고 있다. 공장 담벼락에는 아이들의 스프레이 낙서가 그려져 있다. 공장 입구에 간판이 아직 남아 있는 경우도 있고, 어떤 곳에는 초인종이 세월의 변화를 모른 채 덩그러니 매달려 있는 경우도 있다. 막아 버린 공장 입구에는 아직도 개조심이라는 간판이 남아 있는 경우도 있다. 공장이 문을 닫았는데 개 혼자서 지낼 리 만무하다. 이렇게 문 닫은 공장 중에는 오랜 역사를 자랑하던 공장도 적지 않다. 텅 빈 공장 지붕 위에는 아직도 당시의 구호가 덩그러니 걸려 있다. "전통과 기술로 세계로 향하자!"

동독 곳곳에서 그런 공장들이 부도를 내 실업자를 쏟아냈다. 통일 전 1989년엔 0% 실업률이었던 것이 1992년에는 약 15%로 폭증했다. 동독인들은 실업자는 자본주의에만 있는 것으로 교육받아 왔기 때문에 더 참혹한 충격을 주었다. 물론 이 숫자에는 직장을 찾아 서독으로 떠난 사람들은 빠져 있다. 더구나 2005년의 경우 동독 실업자의 41.4%(서독은 33.8%)가 1년 이상 장기 실업자들이다. 2002년의 경우는 36.5%였는데 그사이에 많이 늘었다. 문제는 이런 장기 실업자는 노동 시장에 다시 발을 들여 놓기가 거의 불가능하다.[21] 이들은 그래서 보험금으로 일생을 지내게 되는 경우가 대부분이다.

한 예를 들어 보자. 브란덴부르크 주의 조그만 도시 슈베트라는 곳이 있다. 인구 6천 명의 작은 이 도시는 동독에서 큰 의미를 지니지 못하는 곳이었다. 그러나 60년대 초에 정유공장을 짓자 인구는 5만 4천 명 정도로 늘었다. 사회주의 도시의 모델이 된 슈베트는 정유공장에 완전히 의존하고 있던 도시였다. 이 정유공장은 소련으로부터 수입한 원유를 정제했다. 그러다 통일이 되자 주민의 1/3이 도시를 떠났고, 남은 주민 중 1/4은 실업자가 되었다. 정유공장이 문을 닫은 것도 아니었다. 정유공장에서 정제하는 원유는 통일 후 생산량이 더 높아져 연간 1천 1백만 톤을 정제하게 되었다. 통일 후 기업이 합리화되면서 노동자는 줄어들었지만 생산량은 더 늘어나게 된 것이다.[22]

동독과 서독 주민들은 16년간 장기 집권해 온 기민당 정권에 실망했다. 통일 영웅인 콜 수상에 대해서도 큰 실망을 했다. 그래서1998년 드디어 정권이 바뀌어 사민당이 정권을 잡게 되었다. 68학생운동 세대인 사민당의 슈뢰더가 연방 수상이 되었다. 슈뢰더는 동독 재건은 수상의 몫이므로 직접 챙기겠다고 공약을 했다. 뿐만 아니라 실업률을 반드시 낮추겠다고 약속했다. 그러나 그 공약은 헛구호였다는 것이 금방 드러났다. 슈뢰더 취임 당시 동독의 실업률은 15.7%였는데, 그 후 상황은 더 나빠졌기 때문이다.

슈뢰더 정부의 실업대책에도 불구하고 실업자는 줄지 않았다. 독일 정부의 고민은 실업자 수를 줄이는 것이었다. 특히 서독의 두 배에 육박하는 동독의 실업률을 낮추는 것이 급선무였다. 물론 독일의 실업 성격상 실업률이 쉽게 떨어지지 않는다는 것을 당국도 잘 알고 있었다. 그래서 독일 정부는 수치라도 줄이기 위해 2001년부터 통계 방법을 바꾸었다.

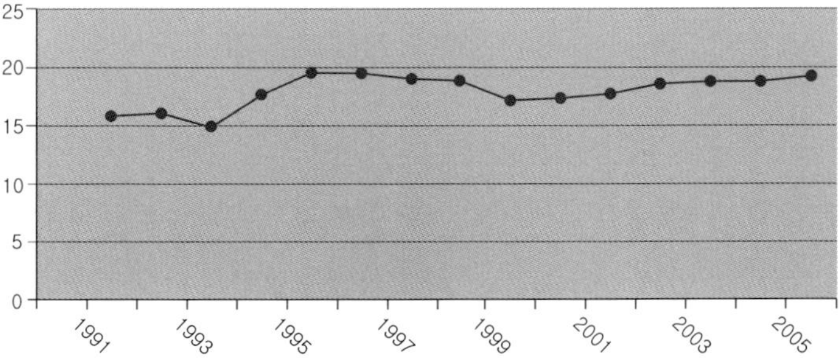

동독 지역의 실업률 변화[23]

예를 들면 직업훈련을 받고 있는 사람들을 실업자 군에서 제외시켰다. 동독에는 전업이나 첫 직장을 갖기 위해 직업훈련을 받는 사람들이 많다. 그래서 이런 부류의 사람을 실업자에서 제외시키면 실업률은 낮아진다. 이렇게 통계 방법까지 바꿔서라도 동서독 실업률의 차이를 줄이려고 했다. 이는 동독 주민들의 불만을 줄이려는 정부의 눈가리기식 노력이었다.

동독 실업률을 어떻게 해서라도 낮추려는 독일 정부의 노력에도 불구하고, 동독의 실업 통계는 현실과 일치하지 않는다. 2005년 공식적으로 동독의 실업자는 162만 명이다. 그러나 여기에는 이른바 1유로 일자리와 직업훈련 과정에 있는 60만 명이 빠져 있다. 1유로 일자리는 장기 실업자는 다시 취업할 의욕마저 줄어든다고 생각하여 그들의 취업을 유도하려는 슈뢰더 정부의 프로그램이다. 실업급여를 받는 사람이 경로당과 같은 기관에서 봉사활동을 하면, 실업급여 이외에 상징적 의미에서 시간당 1유로(2007년 현재 환율로 약 1,250원)를 받는 것이다. 그래서 이를 1유로 잡이라고 한다.

여기다 정년이 되기 이전에 정년을 맞이해야만 했던 20만 명이 빠져 있다. 이들은 이른바 조기퇴직자로 연금조차 받지 못한다. 연금을 받으려면 65세가 될 때까지 기다려야 한다. 또한 취업 가능성이 없어 재취업을 아예 포기한 17만 명도 빠져 있다. 이런 숫자들을 포함하면 동독의 실제 실업자는 250만 명이 된다. 이를 그대로 계산하면 동독의 실업률은 30%에 이르는 셈이다. 여기에 또 추가해야 할 사람들이 있다. 동독에 살면서 서독으로 일하러 가는 30만 명이 그들이다.[24] 이들은 고향에서 취업을 못하고 타향으로 출퇴근하는 사람들이다.

독일 정부가 실업률을 낮추려는 노력 덕분에 겉으로는 실업자가 크게 늘어나는 것처럼 보이지 않는다. 하지만 심각한 사실은 동독에서는 사회보장 혜택을 받는 정규직 일자리뿐 아니라 사회보장 혜택이 없는 단순노동(미니 잡)도 빠르게 사라져 가고 있다는 사실이다. 이들 단순노동자들은 임금도 낮을 뿐 아니라 언제든 해고될 수 있는 사람들이다.

예를 들어 2004년 6월부터 2005년 7월까지 정규직 취업자는 14만 명이 줄어든 497만 명이 되었는데, 이는 취업자의 2.7%가 줄어들었다는 것을 의미한다. 임금이 낮은 단순노동자도 이 기간 동안에 4만 4천 명(이는 전 취업자의 6.3%에 해당된다)이 줄어 65만 1천 명으로 되었다.[25] 이처럼 동독의 경우 정부의 노력에도 불구하고 온갖 종류의 일자리들이 자꾸만 줄어 갔다. 슈뢰더 정부는 대책없이 늘어 가는 실업자를 통계상으로나마 줄이기 위해 이른바 통계 조작까지 동원했던 것이다.

2006년에 처음으로 독일의 실업자 수가 전국적으로 줄어들었다. 독일 경기가 좋아져 경제성장률이 무려 2.5%에 도달하였기 때문이다. 이렇게 경제 성장률이 높은 것은 2000년 이후 처음 있는 일로 국가 부채 비율도 2% 이하로 줄어 온 독일이 흥분하고 있다. 이렇게 실업률이 떨어진 데는 슈뢰더 정권의 사회·경제 개혁이 효과를 나타내고 있기 때문이다. 예를 들어 노동청이 제공하는 일자리에서 일하기를 거부하면 실업급여를 삭감하고, 또다시 거부하면 실업급여를 더 삭감하는 조치를 취했기 때문이다.

실업자가 2006년 들어 줄어들기 시작하자 독일 정부는 기쁨을 감추지 못하고 새로운 경제 전망을 내놓았다. 즉 실업률은 더 줄어들어 2008년 말이 되면 340만 명 정도로 낮춰질 것이라고 하였다. 그런데 동독의 실업 상태에 대해서는 구체적인 데이터를 발표하지 않고 있다. 정부가 동독을 따로 분리하여 발표하지 않는 이유가 있다. 동독의 상태는 여전히 좋지 않기 때문이다. 그리고 새로 취업한 사람들 대부분이 비정규직이라는 점을 주목해야 한다. 경기가 나빠지면 이들은 다시 길거리로 나서야 한다.

일자리를 찾아 서독으로

한 나라의 인구는 특별한 경우를 제외하고는 일반적으로 늘어나게 되어 있다. 역사적으로 보면 전쟁이나 대단한 자연 재앙의 경우에 일시적 인구가 감소했던 경우가 있다. 그 경우가 아니라면 한 나라의 인구는 늘게 되어 있다. 물론 오늘날 독일을 비롯한 일부 유럽 국가들처럼 사망률이 출산율보다 높아 인구가 조금씩 줄어드는 경우도 있다. 이런 최근 선진국 현상을 제외하면, 일반적으로 살기 좋은 나라에는 사람이 늘어나고 외국인들이 몰려오는 법이다. 미국이나 캐나다 그리고 일본과 서유럽이 좋은 예이다. 우리나라의 경우도 1997년 외환 위기 이후 경제 사정이 좋지 않게 되자 출산율이 크게 떨어지는 현상이 나타나고 있다.

전 세계적으로 보면 고급 인력은 북구와 서부 유럽으로 모인다. 통계상으로 보면 2000년부터 2005년 사이에 고향을 떠나 외국에서 일자리를 구한 사람들이 무려 2억 명이나 된다.[26] 어떻게 보면 인류의 대이동이라고 할 수 있다. 이런 관점에서 보면 동독 사람들이 서독으로 이주하는 것은 대단한 일이 아니라고 할 수 있다. 그러나 인구가 감소하는 국가의 미래는 밝지 못하다. 더구나 사람들이 스스로 고국을 떠나는 나라는 제대로 된 나라라고 하기 힘들다. 오늘날 조국을 등지는 사람이 많은 국가는 전쟁 지역이거나 경제적으로 사정이 좋지 않은 나라들이다. 모두가 잘살지 못하는 아시아와 아프리카의 국가들이 대부분이다.

다음의 도표(103쪽)는 독일 초등학생들이 얼마나 감소하는지를 보여 준다. 감소 순위 1등부터 5등까지는 모두 동독 지역이다. 이처럼 동독에서의 인구 감소는 세계에서 그 유래를 찾아보기 힘들다. 동독은 아시아나 아프리카의 국가들과는 사뭇 다르다. 전쟁이 난 것

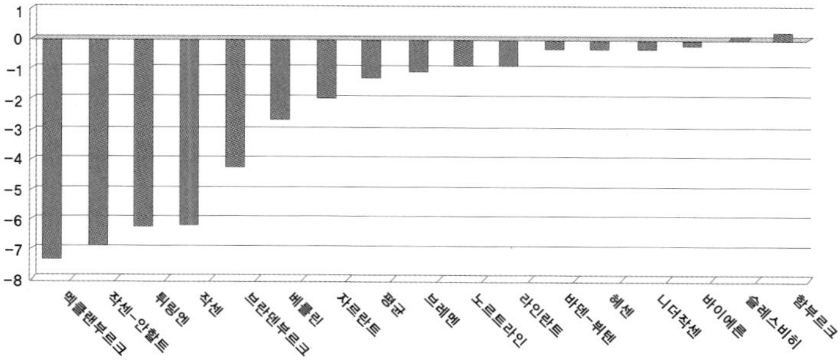

2006년도 전년 대비 초등학생 감소 비율(단위:퍼센트)

도 아니고 인접 국가보다 경제 사정이 못한 것도 아니다. 그럼에도 불구하고 사람들은 줄곧 고국을 등졌다. 동독은 사람이 모이는 것이 아니라 떠나는 곳이었다. 2차 세계대전 후 폴란드, 체코, 소련 등지에서 쫓겨난 독일인들로 인해서 전후 3년 동안 인구가 늘었었다. 그 기간을 제외하고 동독은 언제나 인구가 줄어들었다. 끊이지 않고 고향을 떠나는 사람들로 인해 인구가 줄어드는 세계 유일의 국가이다. 호네커 시절의 출산 장려도 결과적으로 아무런 효과를 보지 못한 셈이 되었다.

동독 사람들을 서독으로 향하게 만든 결정적인 사건은 1953년의 노동자 봉기였다. 동독 정부가 개인의 자유를 억압하면서 노동 생산성을 계속 높일 것을 요구하자 노동자들이 길거리로 나선 것이다. 이에 당황한 동독 정부는 소련 군대를 동원해서 노동자들의 요구를 억눌렀다. 동독은 노동자의 국가라고 주장해 왔는데 노동자들의 요구를 탱크로 짓누른 것이다. 동독 정부의 이런 조치에 실망한 대규모의 동독 주민들은 서독으로 향한다.

자꾸만 사람들이 고향을 떠나자 동독 정부는 베를린에 장벽을 건설했다. 그리고 동서독 접경지역에도 철조망을 쳐서 서독으로 이주하는 사람들을 막았다. 그리고는 "자본주의의 늑대들로부터 선량한 인민들을 보호하기 위한 장치"라고 주장했다. 동독 주민들이 두 번째로 동독 정부에 크게 실망한 사건은 베를린에 장벽을 쳐서 동서독 접촉을 막은 것이었다.

젊은이들이 서독으로 더 이상 가지 못하게 되자 동독 정부는 정치적·경제적으로 안정을 찾게 되었다. 그러나 동독 정부는 국민들에게 크게 신뢰를 잃었다. 세 번째로 동독 주민들이 정부에 대해서 실망한 사건은 1976년 볼프 비어만의 추방이었다. 그는 가수였는데, 정부 귀에 거슬리는 가사를 담은 노래를 부른 것이 문제가 되었다. 서독 쾰른에서 연주회를 마치고 동독으로 돌아가려고 하자, 동독 정부는 그의 시민권을 박탈하여 귀국을 금지했다. 이런 일련의 사건으로 동독 주민들은 기회만 있으면 서독으로 향하려 했다. 특히 비어만 사건으로 실망한 사람들은 지식인 계층이었다. 이후에 동독 지식인들은 기회만 있으면 서독으로 향했다.

서베를린과의 경계에는 장벽뿐 아니라 장벽 앞에 철조망도 치고 조명등도 밝혔다. 철조망도 몇 겹으로 둘러 서독으로 탈주하는 주민들을 막았다. 특히 노동력을 지닌 젊은이들이 탈주하는 것을 막는 것이 목적이었다. 그것도 모자라 몰래 장벽을 넘어 서독으로 향하는 사람들에게 총질을 했다. 이런 제재 방법을 동원하자 동독을 떠나는 사람의 숫자는 현저하게 줄었다. 그러나 고향을 떠나 서독으로 가는 사람을 완전히 막을 수는 없었다. 동독인들은 합법과 비합법적인 방법을 동원해서 서독으로 향했다. 동독을 건국하기 전인 1948년에는 동독 인구가 1,910만 명이었다. 그런데 동독이 망하기 직전인 1989년에는 1,640만 명으로 감소했으니 얼마나 많은 사람이 서독으로 넘어갔는지를 알 수 있다.

다른 통계에 의하면 1961년까지 270만 명이 동독을 떠났다. 거기다 1991년부터 2003년 사이에 동독을 떠나 서독으로 향한 사람이 무려 240만 명이나 된다.[27] 그러니까 동독은 사람이 머무는 곳이 아니라 떠나는 곳이다. 달리 말하자면 동독이 망한 가장 큰 원인은 주민들이 고향을 등지고 서독으로 떠났기 때문이라고 할 수도 있다.

동독인들은 그간의 실망에도 불구하고 고르바초프의 개혁 정책에 큰 기대를 모았다. 소련도 변하고 이웃나라 폴란드와 헝가리도 많은 개혁을 했으므로, 동독도 개혁을 할 것이라고 믿었다. 그럼에도 동독 정부는 개혁할 생각은커녕 사회주의의 우월성만을 앵무새처럼 반복했다. 동독 사람들은 정부에 대해서 또 한 번 실망했다. 동독 정부는 개혁은커녕 그간 자유롭게 왕래하던 폴란드로의 여행마저 통제했다. 폴란드의 자유노조 운동에 지레 겁을 먹은 것이었다. 주민들의 개혁 요구를 묵살한 것은 동독 주민들이 정부에 대해 네 번째로 실망하게 된 큰 사건이었다. 이후부터 동독 주민들은 정부에 대해 아무런 기대도 갖지 않게 되었고, 기회만 있으면 동독을 떠나려는 마음을 먹게 되었다.

일련의 동독인들은 1989년 여름휴가를 마치고 동독으로 귀국하지 않았다. 이들은 귀국을 거부하고 같이 휴가를 보낸 가족들과 함께 부다페스트, 프라하, 바르샤바에 있는 서독 대사관을 점거했다. 그리고는 서독 이주를 요구했다. 당황한 동독 정부는 유래가 없는 일이라 어쩔 줄을 몰라 했다. 이에 반해 서독 정부는 외교력을 동원해 이들의 서독행을 추진했다.

헝가리 정부가 가장 먼저 이들의 요구에 응했다. 부다페스트의 서독 대사관을 점거한 이들은 특별 기차를 타고 서독으로 향했다. 이를 시발점으로 삼아 서독행 난민은 봇물을 이루었다. 동독 주민들은 헝가리와 체코를 거쳐 서독으로 갔다. 하루 수백 명씩 헝가리와 오스트리아 국경을 넘어 바이에른의 난민수용소로 들어갔다. 9월부터는 이 숫자가 더욱 늘어 매일 수천 명씩 오스트리아 국경을 넘어 서독으로 향했다. 이렇게 해서 9월 말까지 동독을 탈출하여 서독으로 향한 사람은 30여 만 명에 이르렀다. 당시 이주자들의 증언에 의하면, 지금 탈출하지 못하면 영원히 동독을 탈출할 수 없을 거라는 절박한 심정이었다고 한다.

동독 주민들이 매일 수백 명씩 국경선을 넘어 서독으로 향했다. 이런 사실에 대해서 동독 정부는 아무런 언급도 행동도 취하지 않았다. 그래서 적어도 동독 건국 40주년에는 무슨 말이 있을 것이라고 기대했다. 고르바초프를 비롯한 수많은 외국의 축하객들과 수많은 서방 기자들도 참석하기 때문에, 동독의 최고권력자가 이날은 무슨 말을 할 것이라고 믿었다. 동독 주민들뿐 아니라 서독 주민들도 관심을 곤두세우고 있었다.

그러나 호네커의 연설이 끝나는 순간 남은 것은 허탈한 실망뿐이었다. 한 국가의 최고책임자라면 적어도 이날에는 그간의 침묵을 깨고 한마디 언급할 것이라고 믿었기 때문이다. 그는 매일 수천 명씩

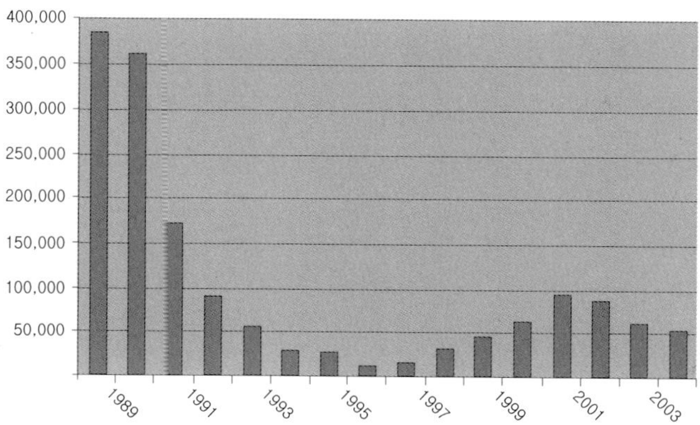

동독을 떠난 사람들[28]

떠나는 이주자에 대해서도, 동독의 개혁에 대해서도 아무런 언급이 없었다. 오히려 "사회주의에는 후퇴란 없고 오로지 전진만 있을 뿐"이라는 판에 박힌 사회주의 승리만을 외쳤다. 그래도 일말의 희망을 가졌던 동독인들은 이후 모든 기대를 접고 집단적으로 서독으로 향했다.

동독을 떠나지 못한 사람들

동독을 떠날 수 있는 사람은 동독을 떠났다. 그렇다고 떠날 사람이 다 떠난 것은 아니었다. 아직도 동독에는 고향을 등질 사람이 더 있었다. 25세 이하의 동독 사람들에게 최근에 물어본 결과 77%가 고향을 떠날 생각을 하고 있었다고 한다. 그러니까 서독에서 더 나은 인생을 꿈꾸는 젊은이들은 이미 떠났고, 앞으로 더 많은 사람들이 고향을 떠날 것이라는 것을 알 수 있다.

문제는 동독을 떠나는 사람들이 사실은 동독 재건을 위해 필요한 사람들이다. 이들의 공통점은 모두가 고학력자와 직업훈련을 받은 사람들이다. 더욱이 이들은 모두 젊은이들이다. 그러니까 쓸 만한 젊은이들이 고향을 떠나는 셈이다. 불과 5년 전까지만 해도 고향을 떠나는 사람을 곱지 않은 눈으로 보았으나, 이제는 떠날 수 있는 사람은 모두 떠나라는 말이 나올 정도였다. 그래서 통일은 서독에서 이루어진다고 할 수 있다.

동독을 떠나지 못하고 고향에 남아 있는 사람들 중에는 노인들이 많다. 젊은 사람들이 서독으로 그렇게 많이 빠져나갔으니 그럴 수밖에 없다. 실제 동독에 남아 있는 사람들의 47%가 국가가 지급하는 연금이나 각종 보험으로 살아가고 있다. 동독에 남아 있던 젊은 세대는 대개 학력이 낮거나 직업훈련을 받지 못한 사람들이다. 즉 타향에서 더 좋은 직장을 구할 가능성이 적은 사람들이었다.

동독의 정치에 큰 영향을 미치고 동독 사회의 이미지를 결정한 사람들은 이들이다. 이런 '무능한' 사람들이 고향에 남아 극우파가 된다. 이들은 자신이 실업자가 된 것을 자신의 탓이 아닌 남의 탓으로 돌린다. 물론 개인 문제로만 돌리기에는 어려운 여러 문제가 얽혀 있다. 이들은 자신의 '무능'을 우월감으로 착각하여 외국인을 무시한다. 또 히틀러를 숭상하는 이들은 거대 독일을 꿈꾼다. 그래서 이들 극우파들은 망명족이 살고 있던 집에 불을 질러 사람을 죽이는 사건까지 일으키기도 한다.

그러나 동독에는 외국인이 거의 없었고 지금도 별로 없다. 통일이 되기 전까지 동독에 거주하던 외국인은 공식적으로는 19만 명 정도였다. 이들 외국인은 대부분 베트남, 모잠비크, 쿠바에서 수입한 외국인 노동자들이었다. 이들은 직장 부근이나 도시 외곽에 집단수용되어 독일인과 접촉할 기회가 없었다. 실제 당시 동독의 고위층이 아니면 외국인을 만날 수 없었다. 일반인들은 라이프치히 박람회에 오는 외국인을 먼발치에서 바라보는 정도였다. 일반 대중들은 텔레비전을 통해서 보는 것이 전부였다. 그래서 외국인들이 지나가면 마치 원숭이 바라보듯 하는 사람들이 아직도 적지 않다.

외국인과 접촉할 기회가 없으니 편견이 생기기도 했다. 당시 베트남에서 온 노동자들에게 '피지'라고 하는 경멸조의 명칭을 붙였다. 외국에 대해 무지한 이들은 베트남을 피지 섬으로 착각했던 것이다. 물론 흑인에 대해서는 더 심한 칭호를 붙였다. 그러니까 외국인도 별로 없는데, 극우파들이 외국인에 대한 적대감을 자극했던 것이다. 1999년 동독 지역에 거주하는 외국인은 약 28만 명이고, 서독 지역에는 약 7백만 명이 살고 있었다. 외국인 비율이 2%도 채 안 되는 동독 지역에서의 외국인에 대한 적대감은, 그 비율이 약 10%에 육박하는 서독보다 훨씬 높다. 그래서 이런 현상을 두고, 동독 지역은 경제가 '번영'하는 곳이 아니라 극우파가 '번영'하는 곳이라고 빗대어 말하기도 했다.[29]

동독의 외국인 적대감을 우리는 지난 2006년 월드컵 때 확인할 수 있었다. 동독의 여러 도시들은 외국 축구단의 베이스캠프를 유치하려고 노력했다. 동독 쪽 지역경제에 도움이 되기 때문이었다. 그러나 우크라이나를 제외한 어떤 나라도 동독에 훈련 캠프를 차리지 않았다. 외국인 적대 세력을 두려워했기 때문이다. 실제 통계에 따르면 외국인이 동독의 북부 3개 주에서 극우 세력에 의해 희생될 가능성은 서독의 10배에 이르렀다.

동독은 이런 극우파의 새로운 보금자리만 된 것이 아니라, 극단적인 좌파에게도 발판을 제공하고 있다. 동독 주민은 동독 시절의 통일사회당에서 민주사회당으로 간판을 바꾼 정당에 많은 지지를 보내고 있다. 이 정당은 동독에서 약 20%의 지지율을 얻고 있는데, 주요 지지층은 자본주의 질서에 놀란 동독 사람들이다. 동독 사회가 서독과 다른 점은 극우와 극좌 세력으로 크게 나누어져 중간 세력이 취약하다는 점이다.

지방의회에 진출한 극우파

2006년 9월 17일에 동독의 북부에 위치한 주에서 지방선거가 있었다. 메클렌부어크-포포메른이라고 하는 이 주의 지방선거에서 극우 정당이 처음으로 주의회에 진출하여 세상을 경악시켰다. 나치 정당과 유사한 정책을 내세운 NPD(독일국가민주당)가 무려 7.5%를 득표하여 주의회에 진출하게 된 것이다. 물론 그때까지 이 정당의 지지 세력이 전혀 없었던 것은 아니었다. 그러나 그 득표율은 무시해도 좋을 정도로 미미해 의회에 진출할 정도는 아니었다. 하지만 이제는 그 득표율을 바탕으로 지방의회에 당당히 진출하여 합법적으로 자신들의 주장을 펼치게 되었다.

그래서 동독의 극우파 문제는 지금까지와는 다른 양상을 띠게 되었다. 의회에 진출하기 전까지는 정치 현장의 변두리에서 외국인 문제를 빌미로 지지를 구했다면, 이제는 합법 정당으로서 독일 국민의 세금으로 정치활동을 벌이게 된 것이다. 그래서 독일에서는 한 정당 지지율이 5% 저지선을 넘느냐 또는 넘지 못하느냐가 중요하다. 독일 헌법에 의하면 5% 이상을 얻어야 국회든 지방의회든 의석을 배정받을 수 있다. 즉 한 정당의 전체 득표가 5% 미만이면 그것은 사표가 되어 의석을 배정받지 못한다.

이 선거에서 극우파가 지방의회에 진출하면서 독일 사회는 다시 한 번 놀라게 되었다. 여러 전문가들이 극우파 승리의 원인 분석을 했다. 통일로 인해서 많은 손해를 보았다고 믿는 계층이 주원인이라는 데 의견의 일치를 보았다. 동서독이 통일이 되면 모두가 서독처럼 될 것이라고 믿었는데, 실제는 동독 당시보다 더 비참해졌기 때문이라는 것이다. 즉 물질적으로도 정신적으로도 피해를 보았다고 믿는 사람들이 많기 때문이라는 것이다. 한 평범한 동독인의 속마음을 들어 보자.

> 통일 그 자체는 좋은 것이 분명하죠. 그렇지만 통일 그 이전에는 모든 게 더 좋았어요. 문제는 통일 때문에 모든 것이 사라져 버렸다는 겁니다. 공장, 농장 등 말하자면 모든 게 통일 이후에는 없어져 버렸어요. 이제는 서독 사람들이 동독을 통째로 살 수 있게 된 겁니다. 돈을 가진 사람은 하

나씩 하나씩 사는 겁니다. 이것은 옳다고 생각지 않습니다. 돈에 탐욕스런 사람들은 그냥 서독에만 있었으면 좋았을 걸요. 아름다운 서독 마르크가 동서독을 갈라놓은 거죠. 실업과 동독인에 대한 서독인의 적대감도 마찬가지로 동서독을 갈라놓은 거죠. 제 개인적인 생각으론, 이렇게 많은 젊은이들이 일자리가 없어 빈둥거리고 돈 없이 지내는 것은 싫어합니다. 그런 반면에 범죄는 매일매일 증가해요. 내 생각에 통일은 완전히 실패한 겁니다.[30]

통일 이후에 실업자가 되었거나 취업을 할 가능성이 적어 물질적으로 힘들어진 사람들이 많아졌다. 실업급여와 연금을 받는다고 해도 물가가 상승하면서 생활은 더욱 빈곤해졌다. 더욱이 이들에게 이런 현상은 나아질 가능성이 없고, 더 나빠질 수밖에 없다. 이른바 이런 '통일 패배자'들이 극우파를 많이 지원했다는 것이다. 또 다른 원인으로는 남자보다 여자들이 서독으로 이주를 많이 하여, 파트너를 구할 수 없는 젊은이들이 사회 불만 세력으로 등장했다고 보는 전문가도 있다. 이른 불만 세력들이 극우 정당의 의회 진출을 가능하게 했다는 것이다.

독일의 여러 언론들도 선거 결과 분석을 했다. 여기에 따르면 극우 정당에게 표를 던진 사람들은 젊은 사람들이 많았다. 지역적으로는 폴란드에 가까운 동부 쪽이 많아 폴란드인들에 대한 적대감을 보였다. 직업으로 보면 노동자가 많아 미래에 대한 이들의 불안감을 보여 주었다. 또 남자 투표자 중에서 10%가 극우 정당을 택했다면 여성의 경우는 그보다 낮은 4%를 보여 주었다.

독일 언론들은 극우 정당이 특히 많은 득표를 거둔 지역을 현장취재하였다.[31] 이번 선거에서 극우 정당이 가장 많은 표를 얻은 지역은 동부의 포스트로브라는 작은 마을이다. 이곳에서는 극우 정당이 무려 38%를 얻어 세상을 놀라게 했다. 이러다 히틀러가 부활하지 않을까 걱정하는 사람들도 생겨났다. 주민 4백 명이 살고 있는 이 작은 마을은 이번 선거를 통해서 세상에 널리 알려지게 되었다.

이 작은 마을의 실업률은 20%를 상회한다고 한다. 그나마 있던 슈퍼마켓도 문을 닫아 마을에는 가게가 전혀 없다. 그래서 생필품을 사려면 먼 곳으로 나가야 한다. 아니면 일주일에 한 번씩 방문하는 '이동 슈퍼'에서 빵과 생필품 몇 가지를 구할 수 있을 뿐이다. 학교도 없고 술집도 없다. 길에서 사람을 만날 가능성은 희박하다. 길에 걸려 있는 선거 플래카드는 기민당이나 사민당과 같은 큰 정당의 것은 없다. 눈에 띄는 것은 극우 정당의 것들 뿐으로, 플래카드에 쓰인 구호는 나치를 연상시킨다. 그러나 포스트로브는 동독의 한 극단적인 보기에 지나지 않는다.

인터뷰에 응한 사람들에 의하면 이 마을에서도 떠날 수 있는 사람은 다 떠났다고 한다. 남은 사람은 실업자, 늙은이, 통일에 실망한 사람들뿐이란다. 쓸 만한 젊은이들은 다 떠나고 남은 이들은 말썽꾸러기뿐이란다. 동독 북부의 한 작은 마을 포스트로브 현상을 일반화시킬 수는 없다. 하지만 통일이 남긴 그림자와 통일 후유증이 가진 폭발력은 짐작할 수 있을 것이다.

한국의 농촌 같은 동독의 풍경

오늘날 서독에서 동독으로 넘어가면서 과거의 국경선을 알 수는 없다. 철조망과 장벽이 모두 사라졌기 때문이다. 물론 산과 들도 차이가 나지 않는다. 그러나 자세히 보면 동서독 사이에는 여전히 국경선이 존재한다. 동독 지역에는 들판에 숲이 적다는 것을 알 수 있다. 그 이유는 집단농장을 만들면서 숲을 갈아 농토로 만들었기 때문이다. 그래서 동독 지역의 들판은 유난히 넓어 보인다.

마을들도 서독과 얼핏 보면 구분이 되지 않는다. 그러나 마을 가까이 가면 확연히 다르다. 동독 마을들은 너무 황폐해 서독의 마을들과 비교가 안 된다. 동독 마을에는 빈집이 쉽게 눈에 띈다. 게다가 사람이 거주하는 집들도 수리를 제때 하지 못해 을씨년스럽다. 물론 밤에는 더 큰 차이가 난다. 마을엔 사람이 없어 불 꺼진 창이 많다. 주민 모두가 피난을 떠났나 하는 생각이 들 정도로 황량해 무섭기까지 하다.

서독 지역에 익숙하던 사람이라면 여기가 어느 나라인가 어리둥

절해질 것이다. 여기가 독일인지 동구의 어느 나라인지 하는 의심이 들 것이다. 작은 도시의 거리 같은 겨우엔 대낮에도 사람이 잘 눈에 띄지 않는다. 라이프치히와 드레스덴과 같은 동독의 대도시는 사정이 좀 다르다. 그렇지만 역사 깊은 이 도시들도 중심가를 조금만 벗어나면 썰렁한 느낌을 준다. 더구나 드레스덴과 라이프치히는 동독에서 경제적으로 가장 윤택한 곳인데도 서독과의 차이는 쉽게 눈에 드러난다.

라이프치히 시내에는 폐허로 변한 오래된 건물들이 눈에 자주 띈다. 19세기 역사주의 양식의 웅장한 건물들도 빈집으로 방치되어 있는 경우가 허다하다. 라이프치히의 오페라하우스 바로 뒤편만 하더라도 큰 건물이 빈집으로 덩그러니 서 있다. 사람들이 전쟁이 나

라이프치히 시내의 모습

모두 피난을 떠난 듯한 느낌을 준다. 수리 안 한 건물만 그런 것이 아니다. 깨끗이 수리한 새집들도 입주할 사람이나 가게가 없어 텅텅 비어 있는 집이 허다하다. 동독 제일의 도시라는 라이프치히 시내의 건물 4채 중 1채는 비어 있다.

라이프치히는 박람회와 무역의 중심 도시였다. 1933년의 경우 주민 수는 뮌헨과 비슷한 규모인 71만 3천 명이었다. 라이프치히는 1998년 행정 개편을 통해 주변의 인구 5만 명을 편입시켰음에도, 현재 인구 수는 505,000명에 불과하다. 통일 후 주민 10만 명이 도시를 떠났기 때문이다. 매해 2천 명 정도가 이 도시로 전입해 오기 때문에 그나마 다른 도시에 비해 형편이 나은 편인데도 사정이 이 정도이다. 이 도시에는 4만 채 정도의 아파트와 단독주택이 빈 채로 있다. 도시의 중심부만 벗어나면 폐허로 변한 지역이 적지 않다. 이런 곳은 낮에도 밤에도 적막하기 짝이 없다. 밤에는 불 켜진 창을 찾아보기 힘들다. 이런 라이프치히 모습과는 달리, 서독의 뮌헨은 경제 번영을 거듭하여 머지않은 장래에 라이프치히 인구의 3배에 도달하게 된다.

동독의 가게에서 파는 물건들은 서독의 그것보다 품질이 많이 낮은 편이다. 서독의 외국인 밀집 지역에서나 볼 수 있는 그런 수준의 물건을 주로 판다. 동독 사람들의 재산과 수입이 서독 사람보다 많이 적기 때문이다. 시내는 그나마 나은 편이다. 중심에서 조금만 벗어나면 훨씬 옹졸하다. 폐허로 변한 건물의 아래층만 가게로 쓰이는 데가 적지 않고, 그곳에 전시된 상품들은 우리나라의 시골 가게를 연상시킨다. 곳곳에 널려 있는 빈집에는 임대 또는 매매한다는 큰 간판이 쉽게 눈에 띈다. 전쟁으로 사람들이 모두 떠났구나 하는 느낌밖에 없다.

그나마 대도시는 나은 편이다. 중소도시는 훨씬 사정이 나쁘다. 사람들이 일자리를 찾아 고향을 떠났기 때문이다. 과거 동독에서 경제적으로 잘 나가던 바이센펠스와 같은 도시는 주민의 1/3이 줄었다. 여름인데도 창문이 꽉 닫혀 있는 집들이 많다. 그리고 길에는 사람들이 눈에 띄지 않는다. 간혹 보이더라도 젊은이는 없고 노인들만 한둘 보일 뿐이다. 대낮에도 도시는 정적에 파묻혀 있다.

외국인을 한 번도 보지 못했는지 노인들이 필자를 원숭이 보듯 바라본다. 가던 길을 멈추고 그냥 필자를 관찰한다. 필자는 목이 말라 물 한 병을 사려고 돌아다니는 중이었다. 아무리 돌아다녀도 가게를 찾을 수 없다. 주민이 줄었으니 가게가 쉽게 보이지 않는 것은 당연하다. 물어물어 찾은 곳이 휑한 슈퍼마켓이었다. 손님은 거의 없고 판매원은 하품을 연거푸 하고 있다. 옹졸하게 진열되어 있는 과일과 채소는 팔리지 않아 시들었고, 싸구려 물건들은 처연하게 진열되어 있다.

이것이 동독의 현재 모습이다. 서독의 도시 모습에 익숙한 사람들

폐허로 변한 동독 시절의 호텔

에게 동독은 외국이다. 같은 독일어를 사용하지만 길거리 모습이 너무 차이가 나기 때문이다. 가정집을 방문해 보면 외국이라는 사실을 다시 확인하게 된다. 내부 구조와 가구들이 서독과 너무 차이가 나기 때문이다. 건물 외부가 말끔하게 수리된 집은 드물다. 건물 내부의 계단이나 벽은 말할 것도 없다. 수십 년간 수리 한 번 하지 않은 인상을 준다. 실제로 동독 건국 이래로 거의 대부분의 건물들이 보수 없이 이용되었다.

집 안의 가구들 또한 말할 필요가 없다. 가구들은 구식 디자인에 싸구려 재료로 만들어진 것들이다. 서독의 하층민들이나 사용할 법한 가구들이다. 부엌 용품도 마찬가지다. 쟁반과 찻잔과 포크 등도 시대에 어울리지 않는 것들이다. 고개를 들어 둘러보면 창문의 커튼도 구식 디자인에 낡은 것이다. 이 모든 것이 너무 낯설다. 동독은 독일이 아니라 동구에 속한다.

| 제3장 |

동독 지원은 밑 빠진 독에 물 붓기

1. 서독은 동독의 식민지

폭발하는 통일 비용

독일 정부는 지난 15년 동안 무려 1조 4천억 유로를 동독에 쏟아 부었다. 이 금액을 현재의 환율(1유로는 약 1,250원)로 계산하면 1,750조 원이다. 이 규모는 2007년도 우리나라 정부예산의 약 8배나 되는 금액이고 서울특별시 예산의 1백 배에 달한다. 이는 또한 2007년 독일 연방정부 예산의 5배이다. 말하자면 독일 정부는 통일 이후 해마다 독일 국내총생산의 4~5%를 동독에 제공한 셈이다.

너무 금액이 커서 실감이 나지 않는 액수이다. 이 금액을 다르게 표현해 보자. 이 금액은 현재 독일 정부가 골머리를 썩이고 있는 정부 빚을 한꺼번에 깨끗하게 갚을 수 있는 액수이다. 그래도 얼마나 많은지 실감이 나지 않아 좀 다르게 1인당 얼마를 지불했는지 계산해 보았다. 서독인들은 통독 이후 2005년 말까지 1인당 10만 유로를 동독을 위해 지불했다. 이것은 우리 돈으로 1억 2,500만 원이다. 이 돈이면 독일에서 최고급 승용차를 살 수 있는 돈이다. 쉽게 말해서 서독인은 1인당 고급 벤츠 한 대씩을 동독에 기부한 셈이다. 소형 승

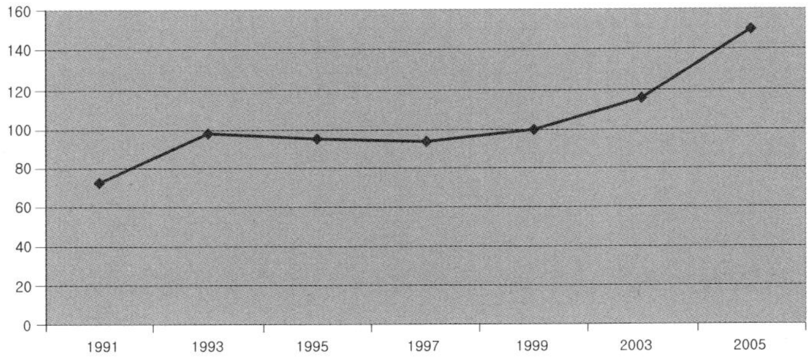

동독 지원 금액(1991년부터 2005년까지, 단위 10억 유로)[32]

용차로 계산하면 서너 대씩을 동독에 기부한 셈이다. 동독에 지원된 지원금의 추이를 도표로 그리면 위와 같다.

그런데 지난 15년 동안 동독에 들어간 돈이 1조 4천억 유로라는 것은 어디까지나 추정치일 뿐이다. 실제 얼마나 많은 돈이 동독 지역으로 흘러갔는지는 아무도 모른다. 전문가들의 공통된 주장에 따르면 실제 동독에 들어간 돈은 이보다 훨씬 더 많다고 한다. 물론 정부가 발 벗고 나서면 상당한 부분까지 알아낼 수 있을 것이다. 그러나 독일 정부는 그럴 생각이 전혀 없다. 밝혀 보았자 우선 정부 측에 유리할 게 없다. 그렇지 않아도 불만스런 서독 주민들의 불만을 더욱 고조시킬 가능성이 크기 때문이다.

왜 동독 지원금을 합산하기가 어려운가. 우선 어떤 것을 통일 비용에 포함시킬 것인지가 그렇게 명료한 것은 아니다. 서독 사람들은 통일과 연관된 모든 비용을 동독에 대한 지원으로 간주한다. 반면에 동독 사람들은 자신들이 직접적으로 도움받은 액수만을 지원금으로 인정한다. 예를 들어 동독에 주둔했던 소련군을 철수시키는데 당시 서독 정부는 많은 돈을 들였다. 군대 이동 비용을 비롯해 소련에 차관까지 제공했다. 또 소련으로 돌아가 머물 곳이 없는 군인들을 위해 막사까지 지어 주었다. 이 비용을 서독인들은 통일 비용에 포함시킨다. 그러나 동독인들은 자기들이 직접 혜택받은 것이 아니기 때문에 통일 비용에 포함시켜서는 안 된다고 주장한다.

연방정부나 지방정부가 직접 지원한 금액은 산출하기가 쉽지만 여타의 단체를 통해서 지원된 돈은 합산하기가 쉽지 않다. 동독의 실업률은 공식적으로는 10% 후반대이지만, 실제로는 30%에 가깝다는 것을 앞서 언급했다. 이처럼 실업률이 서독에 비해서 아주 높고 소득이 상대적으로 낮기 때문에, 동독인들이 내는 보험분담금으로는 턱없이 부족하다. 그래서 동독인들이 받는 실업급여는 물론이고 의료보험료, 연금 등의 상당 부분은 서독인들이 낸 분담금으로 충당된다. 통일 이후 서독인들이 내야 하는 온갖 분담금 액수는 계속해서 상승했다. 이렇게 해서 동독에 들어간 돈이 약 1,400억 유로다. 우리 돈으로 약 175조 원이다. 이 중 개인이 직접 부담한 비율은 1/3이다.[33] 그런데 독일에서는 이러한 보험금을 우리처럼 한두 개의 기관에서 관리하는 것이 아니라 여러 보험회사들이 하기 때문에 전체 지원 금액을 산출하기란 쉽지 않다.

지원금을 합산하기 어려운 또 다른 이유는 동독으로 흘러 들어간 돈이 여러 경로를 통했기 때문이다. 동독 지원 창구가 단일화 되어 있지 않았기 때문에 합산하는 것이 결코 간단하지 않다. 연방정부는 연방정부대로 주정부는 주정부대로, 기초자치단체는 기초자치단체대로, 교회는 교회대로, 성당은 성당대로. 그 이외 사설 단체는 사설 단체대로, 스포츠 단체는 스포츠 단체대로, 자매결연 단체는 자매결연 단체대로. 또한 현금만 전달된 것이 아니라 물품이 전달된 경우도 많기 때문에 합산은 더욱 어렵다. 심지어 서독에서 기술자와 재료를 보내 건물이나 문화재를 보수한 경우도 있다.

물론 독일 정부가 마음만 먹으면 동독에 지원한 총액을 조사할 수도 있을 것이다. 그렇지만 독일 정부는 그것을 조사할 필요를 느끼지 않는다. 조사비용도 적지 않을 뿐더러 밝혀 보았자 이득이 없다. 조사해 보았자 지원금 총액만 늘어날 가능성이 크기 때문이다. 그럴 경우 서독인들의 불만만 사게 될 가능성이 크다. 동독 주민들도 지원 금액의 차이에 따라 희비가 엇갈리는 등 새로운 불만이 생길 여지도 배제할 수 없다.

동독에 지원된 지원금의 종류에는 어떤 것들이 있는가. 동독에 지원된 1조 4천억 유로 중에는 우선 연방정부가 지원한 금액을 들 수 있다. 물론 이 금액이 가장 크다. 그 다음 순위로는 서독인들이 낸 각종 보험금을 들 수 있다. 이것은 서독인들이 낸 각종 보험분담금으로 동독인들이 혜택을 본 것을 말한다. 예를 들어 동독에 실업자가 많이 생겼기 때문에, 서독 사람들은 더 많은 실업보험금을 내야 한다. 그러나 혜택은 동독 사람들이 보는 경우가 더 많다. 그 다음으로는 서독의 각 주들이 동독에게 제공하는 혜택이 있다. 이것은 서독의 부자 주가 가난한 주에 제공하는 돈을 말하는데, 이 지원금의 대부분이 동독으로 들어갔다.

이것 말고도 1991년부터 1995년까지 한시적으로 있었던 통일기금이 있다. 독일 통일기금은 1,600억 마르크로, 1마르크를 5백 원으로 환산하면 80조 원이 된다. 또한 우리 말로 연대세라고 번역되기도 하는 이른바 제1연대세와 제2연대세가 있다. 1995년부터 2004년까지 지원된 제1연대세만 해도 2,100억 마르크(약 105조 원)였다. 제2연대세는 제1연대세가 끝난 직후 바로 시작된 지원 프로그램으로, 2005년에 시작되어 2019년에 끝나는 프로그램이다. 동독은 제2연대세를 통해서 무려 1,560억 유로(약 195조 원)를 지원받는다. 30년 동안 진행되는 이 세 프로그램으로 지원되는 금액은 3,550억 유로(약 431조 원)이다. 이 총 합산 금액은 사람에 따라 약간씩 차이가 나는데, 그것은 마르크와 유로의 환율 차이에서 오는 것이다.

동독에 들어간 돈은 이뿐이 아니다. 서독 정부는 동독 정부가 지고 있던 부채를 떠맡았다. 구 동독 정부가 지고 있던 부채는 무려

3,400억 마르크(약 170조 원)였다. 그리고 동서독 화폐 통합으로 동독 마르크를 서독 마르크로 교환해 주면서 들어간 돈도 있었다. 뿐만 아니라 부도 상태의 동독 기업들을 떠맡았다. 이렇게 해서 수많은 돈이 동독으로 흘러 들어갔다.

늘어나는 재정 부채

통일 전 서독 정부는 이렇게 많은 돈이 동독에 들어갈 줄은 몰랐다. 더구나 당시 서독의 재정 상태가 양호했기 때문에 특별히 세금을 걷지 않더라도 통일 비용을 부담할 수 있을 것이라 믿었다. 그래서 콜 총리는 통일 때문에 세금을 부과하지는 않을 것이라고 공언했다. 동독의 인프라를 개선하면 라인강의 기적 같은 경제 부흥이 생겨나 동독은 "번영의 땅"이 될 것이라고 주장했다. 그러면 동독의 경제가 독일 전체의 경제를 발전시키는 동력이 되고, 통일 비용 문제는 자연히 해소될 것으로 믿었다.

그런데 막상 통일이 되고 보니 동독에 들어가야 할 돈은 끝이 보이지 않았다. 밑 빠진 독에 물 붓는 식이었다. 이처럼 사정이 어렵게 된 가장 큰 이유는 동독의 기업 사정이 예상보다 형편없었기 때문이다. 이 사실을 통일 후에야 비로소 깨닫게 된 것이다. 지금 독일 정부는 통일 비용 때문에 불어난 국가 부채로 인해 허덕이고 있다. 물론 다음 도표(134쪽)에서 보이듯이 통일 전 서독 정부 시절에도 빚은 조금씩 계속 늘고 있었다. 그런데 예상하지 못한 통일 때문에 국가 부채가 껑충 뛰었다. 독일 연방정부의 부채는 이제 감당하기 힘들 정도가 되었다.

독일 정부는 새로이 늘어나는 부채로 인해 마스트리히트 조약을 이미 여러 번 위반했다. 마스트리히트 조약에 따르면 새로운 부채는 GDP의 최고 3%, 총 부채의 경우 GDP의 최고 60%를 넘으면 안 된다. 독일은 이 중 새로운 부채의 경우 여러 번 위반하여 유럽연합으로부터 경고를 받았다. 총 부채의 경우에도 이미 위반해 그 비율을 낮춰야만 한다.[34] 이로써 70년대 세계 경제의 모델이자 유럽 제일의 강국이었던 독일의 체면은 형편없이 구겨졌다. 더구나 이 부채 조항은 독일이 주장하여 만들어진 것이었다.

2006년의 경제 사정이 좋아져 정부 부채가 GDP 대비 1.9%로 떨어지자 독일 정부에 희색이 돌기 시작한 것은 바로 이 때문이다. 이에 용기를 얻은 독일 정부는 2007년 초에 정부의 건전 예산 방안을 밝혔다. 매해 적자 예산을 운용하며 빚에 시달리던 독일 정부는 2011년부터는 정부 예산의 수입과 지출이 균형을 이루게 하겠다고 슈타인브뤽 재무부 장관이 밝혔다. 물론 여기에는 지속적인 경제 성장이 이루어져야 된다는 전제를 달고 있다.[35]

다음 도표(130쪽)는 통일 전의 서독 정부 및 통일 이후의 독일 정부의 예산 편성 상황을 나타내고 있다. 1975년의 경우 정부 예산에

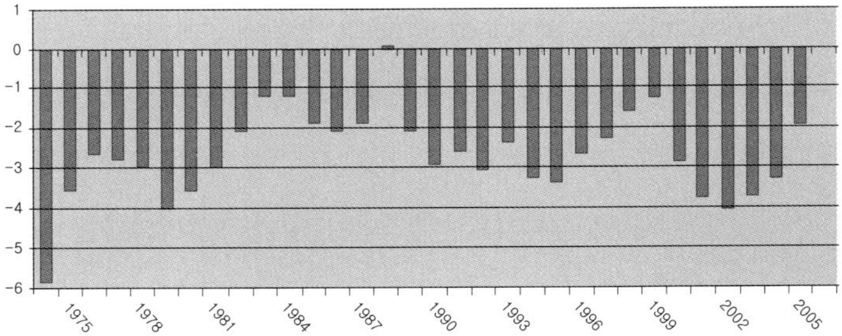

서독 및 통독 정부의 적자 예산 편성 상황(단위는 국내총생산 대비 %)[36]

서 수입보다 지출이 아주 컸다는 것을 보여 준다. 이 해의 예산 적자는 국내총생산의 5.8%에 이른다. 1989년에 처음이자 단 한 번 예산을 흑자로 운영했다. 그러니까 지난 30년 동안에 서독 및 독일 정부의 예산은 거의 언제나 빚을 얻어 운용했다. 실제로 다음 도표는 사민당 집권 시절인 70년대와 통일 이후에 적자 예산 편성이 심하다는 것을 보여준다.

세계의 경제 강국이 왜 이렇게 무너졌나. 슈타인가르트의 주장에 따르면 세계 경제의 모델이었던 독일이 몰락하기 시작한 것은 1970년대 사민당 집권 시절부터이다. 구체적으로는 빌리 브란트가 수상 재임 시절에 온갖 사회보장 제도를 도입한 것이 결정적인 이유라는 것이다. 슈타인가르트에 따르면 사민당이 집권한 이후 독일 경제는 몰락의 길을 걷게 되었고, 통일 이후 그 퇴락 속도가 더욱 빨라졌다는 것이다.

아래의 도표는 통일 전 서독 정부와 통일 후 독일 정부의 부채를 나타낸 것인데, 괄호 안은 집권당을 표시한다. 독일 사민당이 1969년 집권할 당시 독일 국가 부채는 국내총생산 대비 19.8%였다. 그 후 사민당이 1982년 정권을 기민당에 넘겨줄 때까지, 정부 부채는 38.7%로 늘어난다. 기민당 집권 시절에도 재정 적자는 줄지 않고 늘어나지만 그 규모가 크지는 않았다. 통일 이전까지만 따져 보면 3.1%가 늘어 독일 국가 부채는 41.8%가 된다. 그러나 1990년 통일이 되자 정부 부채는 급격히 늘어난다. 1991년부터 1998년 사이에 무려 20.5%나 늘어 60.9%가 된다. 1998년 사민당이 집권 한 후에도 국가 빚은 더 늘어 2003년에는 63.8%가 된다.[37]

독일 정부가 현재 안고 있는 빚은 엄청난 규모이다. 1991년 초 공공재정에서 6천 6백억 마르크(약 330조 원)의 재정 적자를 나타냈다. 이후에 빚은 급속히 늘어 2006년 초에 1조 5천억 유로(약 1,875조 원)의 적자를 나타내고 있다. 이 금액은 서독이 동독에 지원한 금액보다

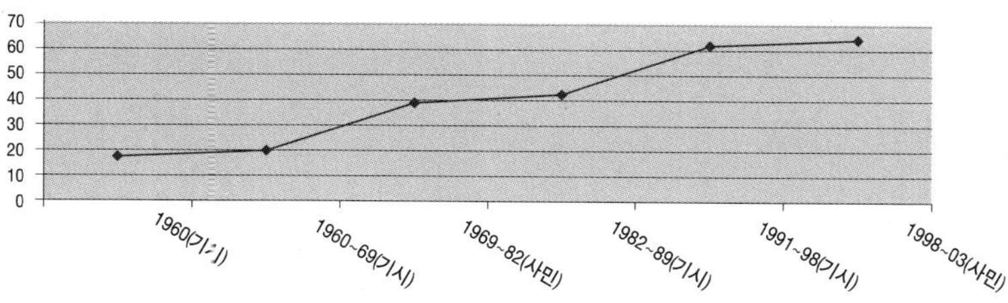

국내총생산 대비 정부 부채 비율 변화(단위 %)

125조 원이 많은 돈이다. 즉 동독에 들어갈 돈을 그대로 정부 빚 갚는 데 쓸 수 있다면 한꺼번에 깨끗이 갚을 수 있는 금액이다.

1991년 국민 1인당 8천 유로의 적자였는데, 15년 후인 2006년에는 1만 8천 유로의 적자가 되었다. 불과 15년 만에 국민 1인당 적자 규모가 2배로 늘어났다. 그래서 연방정부는 물론이고 주정부와 기초자치단체들도 예산 편성에 여유는 없고, 재정 적자를 감당하기에 급급해졌다. 이 모든 빚을 매달 10억 유로씩 갚는다고 가정을 해도 120년이 걸려야 모든 부채가 청산된다. 독일 정부의 부채는 건국 이래 신기록에 도달했고, 공공부문 투자는 사상 최저를 기록하고 있다. 2차 세계대전 이후 공공재정이 지금만큼 형편없었던 적은 없었다.[38]

엄청난 통일 비용을 대는 데 세금만으로는 부족하다. 세금을 계속 올리면 국민들의 조세 저항감이 커질 것 같아 독일 정부는 부족한 세수를 빚을 얻어 메웠다. 정부가 이렇게 빚을 내어 재정을 충당할 때 그 사실을 아는 사람은 별로 많지 않다. 뿐만 아니라 일반 국민은 그것을 피부로 쉽게 느끼지 못한다. 그래서 많은 국가의 정부가 쉽게 쓰는 방식인데, 그 부담은 다음 세대로 전가된다. 우리나라 노무현 정부도 이 방법을 택했다.

1998년에 집권한 사민당은 정부의 빚을 갚겠다고 정부 소유 주식을 많이 처분했다. 우체국도 민영화하고, 정부 소유 부동산도 처분했다. 또 러시아에서 받은 돈으로 부채를 막기도 했다. 하지만 빠르게 늘어나는 정부 부채를 막기에는 역부족이었다. 어쨌든 독일 정부로서는 마스트리히트 조약을 지켜야 하기 때문에 부채를 줄여야 한다. 그래서 고육책으로 2006년의 대연정 정부가 내놓은 것이 부가세 인상이다. 부가세 인상으로 경제가 위축될 것이라는 경고에도 불구하고 어쩔 수 없는 선택을 하였다.

더 힘들어진 가계

통일로 인해서 독일 정부만 빚이 늘어난 것이 아니다. 아래 도표에서 볼 수 있듯이 서독 지역의 개인 빚도 통일 이후에 지속적으로 늘고 있다. 실업자는 늘어나고 개인의 수입은 별로 늘지 않았음에도 불구하고 세금과 각종 분담금액이 높아졌기 때문이다. 뿐만 아니라 유로화가 도입되면서 물가가 많이 오른 것도 한몫을 했다. 거기에 덧붙여 2007년에 부가세가 3% 인상된 것을 계기로 생산자들은 가격표시를 바꾸어야 했는데, 이를 빌미로 포장 크기를 바꾸면서 가격

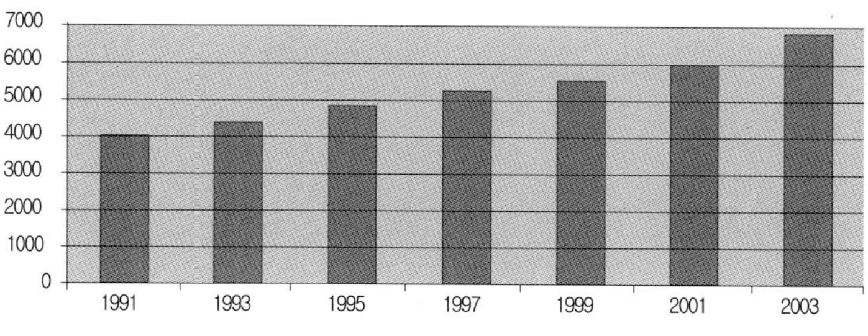

서독의 1인당 부채 증가율(단위 유로)[39]

을 재인상하고 있다고 독일 소비자보호연맹이 2006년 중반부터 지적하고 있다.

통일 이후 빈곤층도 꾸준히 증가하고 있다. 국민 평균 소득의 60%에도 미치지 못하는 수입으로 가계를 꾸려 나가는 계층을 빈곤층이라고 한다. 독일 가계는 연평균 1만 유로(1,250만 원)를 지출하므로, 빈곤층이라 함은 6천 유로(750만 원) 미만을 지출하는 가계를 말하는 셈이다. 2000년까지 부자는 더 부유해졌지만 그렇다고 해서 빈곤층이 더 늘어난 것은 아니었다. 그러나 통일 이후부터는 상황이 바뀌기 시작했는데, 특히 2000년부터 부자는 더욱 부유해지고 빈곤층은 빠르게 늘기 시작했다. 예를 들어 1989년에 빈곤층이 12.2%였던 것이 2005년에는 17.3%로 늘었다(아래 도표 참조).[40] 2006년 10월에 프리드리히-에버트 재단이 발표한 하층민에 대한 보고서는 온 국민을 놀라게 만들었다.

독일 사람들의 살림이 통일 이후 실제로 더 어려워졌다는 것은 독

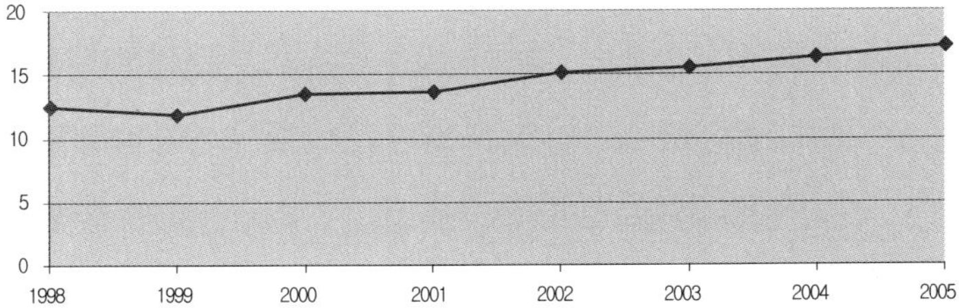

늘어나는 독일의 하층민 비율(단위 %)

일 통계청의 데이터로도 확인할 수 있다. 1991년과 2005년의 가계 소득을 비교한 결과 15년의 세월이 흘렀음에도 불구하고 살림은 나아지지 않고 더 어려워졌다. 1991년 2만 6천 유로(3,250만 원)였던 가계 총수입은 2005년에 30%가 늘어 33,700유로(4,220만 원)가 되었다. 수치상으로는 증가했음에도 실생활은 더 어려워졌다. 우선은 인플레이션 때문이었다. 15년 사이에 노동협약상 총임금이 43% 증가했지만, 이 중에서 인플레이션을 제외하면 실질적으로는 8.3% 증가에 불과하다. 즉 2005년의 가계 실질 수입은 1991년에 비해 평균 2% 줄어든 것이다. 또 다른 원인은 사회보장 분담금의 증액이다. 1991년에는 노동자와 사용자가 합쳐 29.9%를 지불했는대, 2005년에는 32.8%를 지불했다.[41] 그래서 독일인들의 살림은 통일 이후 이래저래 힘들어지고 있다.

독일인들의 부채는 계속 늘어나고 있다. 18세 이상 독일인들 중에서 10%가 빚을 지고 있다. 이들 중에서 지출이 수입보다 많아 빚이 늘어나는 사람들을 알아 보자. 서독은 590만 명, 동독의 경우엔 130만 명이 빚을 지고 있다. 그 규모는 서독의 경우 1만에서 5만 유로, 동독의 경우는 2천 5백에서 1만 유로의 규모다. 그러나 동독인의 빚은 실업률의 증가와 더불어 늘어나기 시작했다는 진단이다. 가계 빚은 독일의 경제가 호황기를 맞고 있던 2006년의 경우에도 더 늘었다는 분석이다.

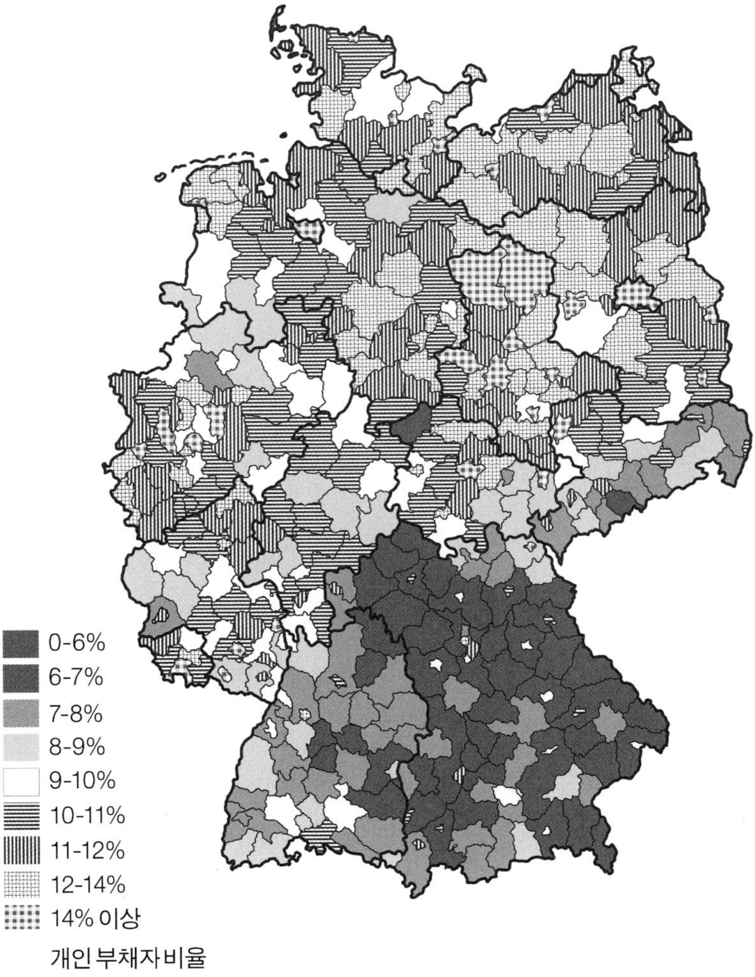
0-6%
6-7%
7-8%
8-9%
9-10%
10-11%
11-12%
12-14%
14% 이상
개인 부채자 비율

앞의 지도(136쪽)는 지역에 따라 개인이 얼마만큼의 빚을 지고 있는지를 나타내고 있다. 주민 중에서 빚을 지고 있는 비율이 0% 이상 6% 이하면 진한 회색으로 표시했다. 회색이 점점 연해지면 그 비율이 점차 높아진다. 그리고 흰색을 지나 가로·세로·가는 체크·굵은 체크 무늬로 가면서 그 비율이 점점 더 높아진다는 것을 말해 준다. 굵은 체크 무늬는 그 지역 주민 중의 14% 이상이 빚을 지고 산다는 것을 나타낸다. 지도에서 알 수 있듯이 동독 주민 중에서 빚을 지고 있는 비율은 서독에 비해 상대적으로 높다는 것을 알 수 있다. 서독에서는 남쪽보다 북쪽 지역에서 빚을 진 비율이 높다. 참고로 빚쟁이 비율이 가장 높은 지역은 서독의 브레머하펜으로 20.68%이고, 가장 낮은 지역은 서독 바이에른의 아이히슈테스로 4.16%이다.[42]

그 많은 통일 지원금은 어디에 쓰였나?

동독 지역의 가계나 공공재정에서 1/3은 자신의 호주머니에서 나온 것이 아니고 외부의 지원금이다. 서독에서 동독에 제공된 돈은 헝가리 또는 체코의 국내 총생산보다 더 많은 엄청난 돈이다. 이렇게 많은 돈이 동독으로 흘러들어 갔음에도 불구하고 콜 수상이 약속한 "번영의 땅"은 먼 나라 이야기가 되었다. 동독은 독일 경제를 일으킬 번영의 땅이 아니라 독일 경제 전체를 망치는 곳이 되고 말았다. 현재로선 동독이 번영의 땅이 될 가능성은 전혀 없다. 동독 지역에서 현재 번영하는 것은 극우파밖에 없다.

동독 지역이 번영의 땅이 지금껏 되지 못한 데는 여러 가지 이유가 있다. 그중에서 가장 중요한 원인 중의 하나가, 서독 지원금이 엉뚱한 곳에 사용되었기 때문이다. 서독이 제공한 돈이 어떻게 잘못 사용되었는지 한 예를 들어 보자. 연방정부는 2002년에 특별충원자금 105억 유로(약 13조 원)를 동독 6개 주에 지원했다. 사용 용도는 동서독 분단으로 약화된 인프라를 개선하는 데 사용하도록 되어 있다. 즉 도로나 통신망 등을 개선하는 데 사용하라는 것이었다. 그러면서 주정부의 부족한 재정을 보충하는 데 사용하거나 현재 진행중인 사업에 사용할 수 없다는 것을 명백히 규정하고 있었다.

그럼에도 불구하고 돈을 목적에 맞게 사용한 주는 작센 주 하나밖에 없었다. 물론 작센 주도 약간은 다른 곳에 사용했지만, 다른 주에 비하면 모범이었다. 나머지 다섯 개 주는 원래 목적과는 다른 엉뚱한 곳에 돈을 사용했는데, 특히 심한 곳은 베를린이다. 베를린은 한 푼도 인프라를 개선하는 데 사용하지 않았다. 다섯 개의 주정부는 대부분의 돈을 자신들의 부족한 주 재정에 보탰다. 돈을 이렇게 엉뚱하게 써놓고도 당사자는 엉뚱한 소리를 하고 있다. 예를 들어 튀링엔 주지사는 "그 원인은 구 동독 지역이 안고 있는 빚 때문이다. 그래서 우리는 구 동독 제도에서 생겨난 비용을 부담하지 않을 수 없었다." 이 돈이 어느 정도 목적 이외에 사용되었는지를 도표로 나타내면 아래와 같다. 베를린은 지원금 100%를 용도 이외의 목적에 사용했고, 반면에 작센 주는 거의 대부분 용도에 맞게 사용했다.[43]

동독에서 지원금을 어떻게 잘못 사용하였는지 보기를 들어 보자. 메클렌부르크-포어포메른 주는 동독 지역의 맨 북쪽에 자리 잡은 지역이다. 이 주는 북쪽으로는 바다와 동쪽으로는 폴란드와 국경선을 접하고 있다. 이 주는 가난한 지역으로 통일 후 많은 사람들이 서독으로 떠났다. 물론 실업률도 20%에 육박하고 개선될 가능성은 거의 없다. 그럼에도 불구하고 주정부는 다섯 개의 지방 공항을 운영하고 있다. 가난한 사람들이 여행하기가 쉽지 않다는 것은 삼척동자도 다 추측 가능한 사실이다. 이 다섯 개의 공항이 모두 적자를 면치

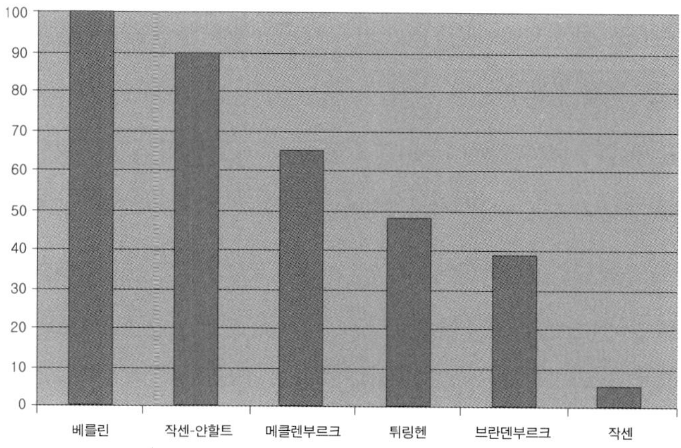

특별충원자금 목적 이외에 사용(단위 %)

못하고 있는 것은 너무도 당연한 이치이다.

이 주만 그런 것이 아니다. 동독의 남쪽에 위치한 튀링엔 주는 1996년부터 에어푸르트 공항을 운영하고 있다. 이 공항의 타워와 터미널을 건설하는 데 주에서 많은 돈을 쏟아 부었다. 그러나 승객이 오지 않으리란 것은 처음부터 명약관화했다. 왜냐하면 그곳으로부터 불과 50킬로미터 떨어진 곳에 그보다 훨씬 큰 라이프치히 공항이 있기 때문이다. 더구나 라이프치히 공항엔 2006년에 DHL 유럽센터가 브뤼셀로부터 이전해 온 상태였다. 큰 공항 옆에 들어선 에어푸르트 공항이 운영하기 힘들 것은 너무도 뻔했다.[44] 그럼에도 여기에 수많은 돈을 쏟아 넣었다. 자신이 번 돈이었다면 그렇게 쓰지는 않았을 것이다.

동독의 주정부는 공항 신축에만 지원금을 낭비한 것이 아니다. 서독에서 온 돈으로 축구장을 짓기도 했다. 동독 지역도 2006년 월드컵 개최지로 참가하고 싶었다. 그래서 라이프치히에 크고 보기 좋은 축구 전용 경기장을 지었다. 그러나 여기서는 16강을 뽑는 예선전만 열리고 8강전 하나 정도만 개최되었다. 그 이후에는 분데스리가 또는 분데스 2부 리그도 아닌 4부 리그가 열리고 있다. 그런 경기에 관객이 없는 것은 당연하다. 그래서 축구장은 월드컵 때 한 번 사용되고 연중 텅텅 비어 있는 셈이다.

이곳만이 그런 것이 아니다. 라이프치히에서 조금 떨어진 할레에서도 3만 석 규모의 축구 경기장을 지었다. 이곳도 라이프치히와 마찬가지로 분데스 4부 리그만 벌어지고 있다. 서독의 지원금은 이렇게 낭비되고 있는 것이다.[45] 여담이지만, 이곳 축구장에서 벌어지는 것은 축구 경기뿐이 아니다. 경기 도중 동독 관중들이 아프리카 출신 선수들에게 인종 모독과 야유를 퍼부어대 연일 대중매체를 장식하고 있다.

공항이나 축구장보다 통일기금을 더 많이 낭비한 곳은 건축 보수 부문이다. 통일 후 연방정부는 노후한 건물을 보수하는 데 수많은 돈을 지원했다. 동독 시절에는 건물을 돌보지 않아 거의 모든 건물들이 폐허에 가까웠다. 실제 동독 정권이 몇 십 년만 더 지속되었더라면 동독의 모든 건물들이 폐허로 변했을 것이라는 주장에는 일리가 있다. 몇 백 년이나 된 역사적인 건물도 무너져 내리는 게 한둘이 아니다. 그중 일부는 통일 이후 수리·보수되어 아름다운 옛 모습을 되찾게 되었다.

통일기금이 건축 부문에서 낭비된 사례를 보자. 1991년부터 1999년까지 동독에는 77만 6천 채의 아파트가 생겨났다. 이 중에 69만 채의 아파트가 새로 지은 것이다. 이를 전체적으로 계산해 보면 동독에 있는 아파트의 10%는 90년대에 생겨난 것이다. 그리고 동독 시절 주택의 3/4은 수리되거나 현대화되었다.[46] 이를 위해 정부는 주택회사와 개인에게도 각종 세금 혜택을 주어 건물을 새로 신축하거나 보수하도록 지원했다. 그래서 통일 직후 몇 년 동안 동독의 건축 부문 성장률은 15%를 넘었다.

그렇게 많은 집들을 짓고 수리했지만, 정작 그 집에 들어갈 사람이 없다. 많은 동독 사람들이 서독으로 이주하였기 때문이다. 그래서 동독 지역 어디든 주택과 상가 건물이 비어 있는 경우가 허다하다. 앞으로 고향을 떠났던 사람들이 다시 돌아올 가능성은 거의 없다. 때문에 연방정부는 2002년부터 2009년까지 35만 채의 아파트를 철거시킨다는 방침을 세우고, 이를 추진하기 위해 25억 유로(약 3조 원)의 지원금을 책정해 놓았다.[47] 수백조 원의 지원금을 들여 복구하거나 신축했던 집들을, 이제는 철거시키기 위해 막대한 지원금을 낭비하고 있는 것이다.

빚을 내서 국민복지를 향상시키는 동독

정부가 많은 빚을 지게 되는 경우는 특별한 경우다. 일반적으로 전쟁이나 경제위기 때 정부는 빚을 내 그 어려움을 극복하려고 한다. 또는 천재지변의 경우에 그러하다. 그러나 동독 지역은 전쟁이 일어난 것도 아니고, 경제위기가 발생한 것도 아니다. 더욱이 천재지변이 일어난 것도 아니다. 동독이 통일 후 많은 빚을 지게 된 가장 주요한 원인은 과거 사회주의 시절의 습성 때문이라고 할 수 있다. 국가는 망했지만 과거의 습관은 그대로 남아 있기 때문이다.

과거 동독 정부가 망한 이유도 따지고 보면 호네커 시절의 과도한 복지 정책 때문이었다. 경제 여건이 서독보다 열악했음에도 불구하고 호네커는 복지 정책을 무리하게 추진했다. 서독보다 더 많은 복지를 제공하여 서독보다 동독 체제가 더 우수하다는 것을 과시하려고 했다. 체제의 우수성을 자랑하려다가 결국 그 체제는 망하고 말았다. 물론 동독이 자신의 돈으로 복지 정책을 추진했다면 문제가 비교적 적었을 것이다. 그러나 자신의 돈이 아니라 빚을 내 많은 복지를 제공했다.

예를 들어 유치원과 탁아소는 동독의 시설이 서독보다 훨씬 낫다. 서독 지역에서는 유치원 자리를 얻기란 쉽지 않다. 유치원 시설이 부족하기 때문이다. 때문에 임신을 하자마자 유치원 자리를 신청해야 될 정도다. 그러나 동독에서 아이를 유치원에 보내는 일은 간단했다. 유치원 시설이 충분했기 때문이다. 과거 동독 시절에는 부모가 동시에 출장을 가더라도 아이를 탁아소에 마음 놓고 맡길 정도로 탁아시설이 잘 돼 있었다. 초등학교부터 대학까지 학생 1인당 교육에 투입되는 비용도 서독보다 더 높았다. 문제는 자신이 번 돈으로 이렇게 후세를 위해 투자한다면야 누가 무슨 말을 하겠는가.

동독은 앞에서도 보았듯이 남의 돈으로 복지시설에 투자하는 것이 습관이 돼 있었다. 통일 이후에 동독의 각 주정부들은 서독이 제공한 지원금으로 경제 인프라를 구축하는 데 힘을 쏟은 것이 아니라, 그중 상당한 금액을 복지시설이나 소비를 촉진하는 데 사용했다.

즉 공장을 지어 일자리를 마련하는 것이 아니라, 각종 놀이시설을 짓는 데 돈을 사용했다. 수영장, 승마장 등 온갖 스포츠 시설이 동독 각 지역에 우후죽순처럼 들어섰다. 에르츠 지방에만 유원지 시설이 14곳이나 건설되었다. 이에 놀란 서독 정치인들에게 튀링엔 주지사 알트하우스는, "우리 지역이 주민들로부터 사랑을 받기 위해서"라고 말했다.[48] 이렇게 남의 돈을 마음대로 씀으로써 동독인들에겐 새로운 인식이 자리잡게 되었다. 즉 동독에서 뛰어난 정치가란 외부로부터 지원금을 많이 받아오는 사람을 뜻하게 되었다.

이것뿐이 아니다. 무엇보다 동독 지역이 재정적인 어려움을 겪는 주요한 원인은 과다 고용이다. 동독 지역은 통일 후에 어려운 노동시장 사정을 고려하여 행정부서의 해고를 피했다. 구 동독 시절에 이 부문은 과밀포화 상태였다. 이른바 놀고먹는 공무원이 부지기수였다. 통일 후에 그 많던 공무원들을 거의 그대로 받아들였다. 거기다 동독은 개인기업체보다 공무원에게 더 많은 월급을 지급한다. 동독 지역에서 공공부문의 월급은 선두를 달리고 있지만 서독에서는 중간 정도이다. 그러니까 동독 지역의 공무원들은 과다 고용된 상태에서 월급 수준은 선두를 달리는 것이다. 예를 들어, 작센-안할트 주에는 주정부와 지방자치단체를 포함하면 주민 1천 명당 공무원 51명으로 서독의 37명보다 훨씬 많다.[49]

브란덴부르크 주지사를 지낸 슈톨페는 주민의 복지를 유지하기 위해 많은 빚을 냈다. 그는 2004년에 이렇게 고백했다. "서독의 돈으로 과거 동독 방식처럼 국민복지를 지속했다. 그렇지만 남의 돈으로 언제까지나 그런 복지를 지속할 수는 없을 것이다." 어떻게 보면 동독 정치가도 동독 시민들도 동독의 습관대로 살아가고 있다고 말할 수 있다. 역설적으로 말하면 구 동독의 교육이 아직도 그 영향력을 발휘하고 있다. 즉 사회주의형 인간이 아직도 사회를 주도하고 있기 때문이다. 자신이 하는 일에 책임을 지는 시민의식은 없고 위에서 전달되는 일만 적당히 처리하는 유형의 인간으로 바뀐 것이다. 이런 유형의 인간을 두고 폴란드의 마코프는 소비에트식 인간형이라고 했다.

> 소비에트식 인간형은 독자적으로 결정을 내릴 수 없는 사람들이다. 이들은 정부 방침에 빠르게 적응하면서 우선 경제적인 안정을 요구한다. 이런 유형의 인간들은 1989년의 변화 이후에도 별로 변한 것이 없다.[50]

이 말을 좀 다르게 표현해 보자. 많은 동독 사람들은 서독 수준의 복지와 월급에는 재빨리 적응하면서 동독 재건이라는 큰 국가적 사업에는 수동적으로 참여한다고 할 수 있다. 아주 비판적으로 표현하자면 동독은 아직도 외부 지원금에 의존해서 살아가는 태도를 버리지 못하고 있다. 구 동독 시절에도 그랬고 통일 이후에도 별로 변한 것이 없다. 예를 들어 하르츠 IV 사회개혁법안에 대해서 동독 주민의 반발은 서독 주민들보다 훨씬 더 강했다.

동독은 빚으로 복지를 추구하면서 동독 경제를 병들게 만들었다고 할 수 있다. 예를 들어 2004년 동독 지역은 국내 총생산은 33억 유로(약 4조 1천억 원)에 불과한 반면, 순 부채는 48억 유로(약 6조 원)로 늘어났다. 이 수치는 빚으로 만들어지는 지출 없이는 동독 경제가 성장할 수 없다는 말이 된다. 동독은 생산보다 빚이 더 빨리 늘어나고 있는 것이다. 빚은 미래의 세대에 짐을 지우는 것이다. 동독은 이렇게 해서 지금 자라고 있는 어린아이들에게 너무 큰 부담을 지우고 있는 것이다. 이런 사정을 알고 있는 바덴-뷔텐베르크 주의 재정장관은 이렇게 말했다. "동독에는 시한폭탄이 작동하고 있다. 이를 빨리 처리해야 한다."[51]

서독을 능가하는 것은 빚

통일 후 동독의 출발은 상쾌했다. 지구상의 수많은 정부가 부러워하는 재정 상태로 출발했기 때문이다. 통일된 동독은 빚 없는 깨끗한 상태에서 새로운 출발을 했다. 서독 정부가 동독의 부채를 모두 떠안았기 때문이다. 만약 그 빚을 동독 지역이 그대로 떠안고 시작했더라면 사정은 더 나빴을 것이다. 빚이 전혀 없는 상태에서 출발했음에도 불구하고 동독의 적자는 통일 후 14년 동안 가파르게 상승했다. 동독은 빚이 없는 제로 상태에서 출발하여, 14년 만에 빚이 무려 860억 유르(약 108조 원)로 폭등했다.

이렇게 하여 동독이 서독을 따라잡은 것이 드디어 하나 생겼다. 빚 증가 부문에서 동독은 통일 후 8년이 지난 1998년에 서독을 능가했다. 이것을 1인당으로 계산해 보자. 1998년 동독 주민은 1인당 3,502유로(약 440만 원)의 빚을 짐으로서 서독 주민보다 1인당 81유로의 빚을 더 많이 지게 되었다. 그것도 기초자치단체를 제외한 금액으로 서독을 눌렀다.[52]

그렇게 빚 많은 동독에도 예외는 있다. 그것은 작센 주이다. 서독 정치가 출신인 비덴코프가 통일 후 작센 주의 주지사로 취임했다. 기민당의 브레인으로 콜 수상의 당내 경쟁자였던 그는 취임하자마자 줄곧 인기 없는 정책들을 수행했다. 우선 필요 없는 인력을 줄여 인건비를 아꼈다. 그리고 주민 1인당으로 계산하면 가장 규모가 작은 예산을 편성했다. 공무원 봉급도 전국에서 가장 낮은 수준인 1,680유로(약 210만 원)로 책정했다. 그는 또한 실업자를 줄이려고 억지로 일자리를 유지하려고 하지 않았다. 또 보조금을 남발하지도 않았다.

이런 인기 없는 정책은, 통일 이후부터 2001년까지 작센 주 재정장관을 지냈고 현재 주지사로 재임 중인 밀브라트의 11년에 걸친 업적이기도 하다. 그는 주민들에게 인기 없는 정책을 끝까지 밀고 나간 결과 이제 그 열매를 거두고 있다. 주정부가 빚을 적게 졌기 때문에 이자를 적게 지불한다. 2004년의 경우 주민 1인당 132유로의 이자를 지불함으로써, 98유로의 이자를 지불하는 바이에른에 이어 2위를 차지했다. 동독의 한 주가 전국적으로 2위를 한다는 것은 상상할 수 없는 일이다.[53]

동독의 다른 주들의 경우 새로운 투자는커녕 이자 갚기에 급급하다. 이에 비해서 작센 주는 이자를 갚고도 남은 돈을 새로운 곳에 투자할 수 있게 되었다. 돈을 아껴 쓴 결과이다. 그래서 이제는 그 돈을 문화 분야에 집중적으로 투자한다. 2003년의 경우 1인당 167유로를 투자했는데, 이는 베를린을 제외하면 최고의 액수이다. 2등이지만 베를린하고는 사정이 다르다. 베를린은 거의 파산 상태에서 나온 정책이지만, 작센 주는 건전한 재정 상태에서 문화 투자를 증가시켰기 때문이다.

뿐만 아니다. 동독 경제에 희망을 논할 때는 그래서 언제나 작센 주를 말한다. 그 한 보기로 드레스덴에 위치한 AMD 컴퓨터 칩 공장을 자주 든다. 동독에 위치한 이 공장의 생산성은 결코 다른 선진국에 비해서 떨어지지 않으며, 오히려 다른 나라의 공장보다 불량품 발생율도 낮다고 언론이 전하고 있다. 신규 투자도 유치하여 1천여 개의 새로운 일자리가 만들어질 것이라고 한다. 그래서 작센은 동독의 유일한 희망이 되고 있다. 실제 작센 주의 대표 도시인 드레스덴과 라이프치히의 인구 감소는 동독에서 가장 낮은 도시에 해당된다.

2. 모두가 불만스런 통일

동서 갈등에 남북 갈등까지

독일의 연방 주들은 2006년 10월 연방정부의 지원금을 둘러싸고 논쟁을 벌였다. 물론 이것을 흔한 정치 논쟁의 하나로 그 의미를 축소할 수도 있다. 그러나 필자는 이 사건이 통일기금 문제로 야기된 동독과 서독 간의 갈등을 함축적으로 보여 주는 것이라고 생각한다. 더욱이 연방지원금 분배에 대해서는, 동독의 연방 주뿐 아니라 서독의 연방 주들도 예민하게 반응한다. 이 사건에서 알 수 있는 것은, 동독의 주들이 앞으로는 연방정부의 지원금을 독식하기는 어려울 것이라는 사실이다.

동독 지원금을 둘러싼 논쟁은 그뿐이 아니다. 2007년의 함부르크 시장 후보로 나선 사민당의 나우만은 동독 지원을 비판했다. 그는 2007년 3월에 사민당 후보로 결정되자마자 연방정부의 동독 지원을 비판했다. 그러면서 그는 동독 지원은 더 이상 터부 테마가 되어서는 안 된다고 주장했다. 여기에 대해서 동독 주정부와 기민당에서는 즉각 비판을 가했다. 이 두 사건에서 알 수 있는 것은 동독 지원을 위한 새로운 연대세 신설이 쉽지 않을 것이다.

첫 사건의 발단은 가난한 베를린 주정부가 연방정부의 지원금을 더 많이 받아야 한다면서 연방 헌법재판소에 제청을 했다. 오랜 심사 끝에 2006년 10월에 최종 판결이 내려졌다. 헌법재판소의 판결에 따라 각 주들의 분담금과 지원금이 달라지기 때문에 모든 주들은 긴장했다. 부자 연방 주들은 더 많은 돈을 내게 되는 것이 아닌지를 고민했고, 가난한 주들은 베를린이 더 많은 돈을 가져가게 되면 지원금을 더 적게 받게 되는 것이 아닌가 하는 고민이었다.

위 두 사건의 내용은 아래의 도표를 보면 알 수 있다. 서독에서 부자 주에 해당되는 바이에른, 바덴-뷔텐베르크, 헤센, 노르트라인-베

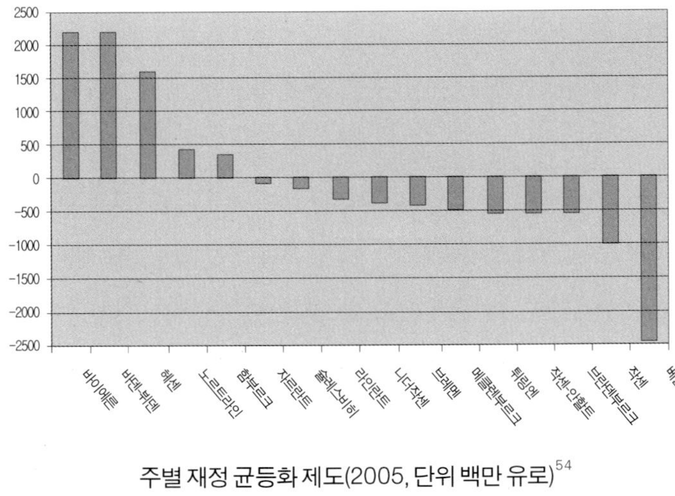

주별 재정 균등화 제도(2005, 단위 백만 유로)[54]

스트팔렌 그리고 함부르크 주가 연방정부에게 돈을 갹출한다. 그리고 가난한 나머지 주들이 이 돈을 나누어 갖는다. 그래서 부자 주들은 부자 주대로, 가난한 주는 가난한 주대로 이 사건에 민감하게 반응을 보인 것이다. 함부르크의 나우만 후보도 이런 사정을 염두에 두고 그런 주장을 했다. 가장 돈을 많이 부담하는 3개 주는 독일 남부에 위치하고 있다. 때문에 이 사건을 간단히 표현하면 동서독 갈등에 남북 갈등까지 겹쳤다고 할 수 있다.

연방 헌법재판소가 2006년 10월 베를린 안건에 대한 판결을 내리기 전, 많은 지원금을 내는 주들은 한 가지 일치된 주장을 했다. 만약 베를린이 지금보다 더 많은 지원금을 가져 가게 되면 베를린의 재정결정권을 박탈해야 한다는 것이었다. 자꾸 빚이 늘어나는 주는 어디에 얼마를 지출할 것인지를 스스로 결정할 수 없게 해야 한다는 것이었다. 실제 베를린의 빚은 지난 10여 년 사이에 급속도로 늘었다. 1990년 통일 직후 베를린 주정부의 빚은 80억 유로(약 10조 원)였는데, 10년 만에 4배나 늘어 330억 유로(약 41조 원)가 되었다. 그리고 현재는 통일 직후의 7.5배 규모인 600억 유로(약 75조 원)에 달한다. 그래서 베를린 주민들이 내는 세금은 1유로당 28센트가 이자로 바로 지불된다.

연방 헌법재판소는 베를린이 연방정부의 지원금을 더 받아야 될 이유가 없다고 판결을 내렸다. 베를린이 극히 가난한 상태가 아니라는 것이 이유였다. 독일의 모든 주들이 안도의 한숨을 쉬었다. 이 사건은 지원금을 둘러싼 각 주들 간의 갈등이 법정으로 간 한 보기다. 물론 통일이 되기 전에도 서독의 각 주들 사이에는 분담금과 지원금을 둘러싸고 논쟁이 자주 있어 왔다. 그렇지만 연방 헌법재판소까지 가지는 않았다. 이 사건을 보면 앞으로는 서독의 가난한 주뿐 아니라, 동독의 주들에 대한 새로운 지원은 쉽지 않을 것이다.

독일에는 가난한 주를 재정적으로 지원하는 제도 두 가지가 있다. 그중 하나는 연방정부가 직접 지원하는 방식이고, 다른 하나는 재정적 여유가 있는 주정부가 가난한 주정부를 돕는 방식이다. 전자를 수직적 재정 균등화 제도라고 하는데, 그 규모는 2005년의 경우 15억 유로(약 1조 9천억 원)가 된다. 이 중에서 동독에 지원되는 규모는

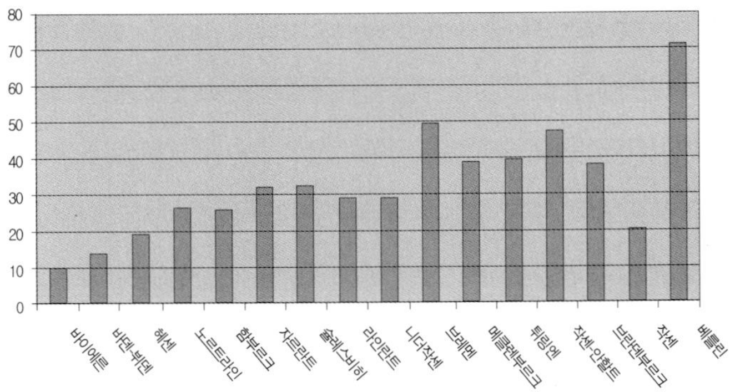

주별 부채 현황(총생산 대비 %, 2005년 9월, 기초자치단체 포함)[55]

13억 유로(약 1조 6천억 원)가 되어 사실상 동독이 거의 다 가져가는 셈이다. 후자를 수평적 재정 균등화 제도라고 하는데, 재정적으로 여유가 있는 바이에른 주, 바덴-뷔텐베르크 주, 헤센 주, 노르트라인-베스트팔렌 주, 그리고 함부르크가 돈을 내어 가난한 주들이 혜택을 보는 것을 말한다. 이 규모도 13억 유로가 된다. 이 돈 역시 80% 이상이 동독으로 흘러 들어간다. 베를린 주는 이 돈을 더 받겠다고 연방 헌법재판소에 제소한 것이었다.[56]

확인도 않고 쏟아 부은 통일기금

통일 지원금으로 야기된 서독과 동독 사이의 갈등은 줄어들지 않고 있다. 서독 사람들은 서독 사람들대로 불만스럽고, 동독 사람들은 동독 사람들대로 불만스럽다. 1990년 통일 당시 그렇게 행복해 했던 사람들이 왜 이렇게 모두가 불만스럽게 되었나? 가장 큰 이유는 콜 정권이 독일 통일을 정치적으로 이용했고, 또 동독 재건의 청사진이 없었기 때문이다. 아니 어떻게 보면 청사진을 만들 시간이 없었다. 모든 게 너무 빠르게 진행되었기 때문이다. 그리고 그때그때의 사정에 따라서 자금을 조달하고 어디에 사용할 것인지를 정했다. 특히 선거 전에 그런 계획을 많이 세웠다. 동독 주민의 지지를 많이 받기 위해서였다.

콜 정권은 돈의 용도만 밝히고 동독에 계속 돈을 쏟아 넣었다. 그는 돈만 지원하고는 집권 기간 내내 한 번도 그 돈이 실제 어떤 곳에 사용되는지 확인하지 않았다. 콜의 오랜 정치 동지이며 통일 후 작센 주 지사로 근무한 비덴코프는 1992년에 이미 이렇게 말했다. "콜은 정치적으로는 모든 것을 제대로 했지만 경제적으로는 모든 것을 잘못했다." 뿐만이 아니다. 비덴코프는 통일 5주년 되던 1995년에 이미 동독 경제가 하강하고 있다고 말했지만 어떤 정치가도 그의 말을 귀담아 듣지 않았다.

이런 점에서는 콜 이후에 집권한 슈뢰더의 사민당 정권도 마찬가지다. 선거를 의식한 선심용 정책을 많이 내놓았다. 콜 정권과 마찬가지로 동독에 돈을 쏟아 넣고서는, 지원금이 어디에 어떻게 쓰였는지 확인도 하지 않았다. 사민당은 1998년에 집권하고 나서도 한참 지난 2003년에 비로소 통일기금이 어떻게 사용되는지를 조사했다. 통일된 지 무려 13년이 지난 다음에 있은 일이다. 그래서 동독의 6개 주는 2003년에 처음으로 2002년 한 해 동안에 사용한 돈의 내역서를 연방정부에 보고했다.

그런데 동독 6개 주가 연방정부에 보고한 내용이 외부에 알려진 것은 훨씬 뒤의 일이다. 이 내용의 일부가 언론에 처음 보도된 것은 2004년 4월이다. 독일 제1 텔레비전은 서독이 지원한 돈이 어떻게 낭비되고 있는가를 보도했다. 2005년에는 주간지 《슈피겔》 지가 이를 특집으로 다루었다. 일간지 《쥐트도이체 차이퉁》 등도 동독 재건의 문제를 구체적으로 다루었다. 독일인들은 이런 언론의 보도를 접하고 경악을 금치 못했다. 통일기금의 대부분이 원래 목적과 다르게 사용되어 동독의 경제 발전은 힘들게 되었다는 것을 알았기 때문이다. 그리고 서독이 언제까지 동독을 도와야 될지 알 수 없었기 때문이다.

이를 계기로 통일을 현실적 입장에서 바라보는 글들이 많이 나오고 있다. 언론 보도뿐 아니라 동독 재건에 대한 비판적인 단행본들이 많이 출간되고 있다. 독일 통일에 대해 부정적으로 말하는 것은 몇 년 전까지만 해도 터부였다. 그러면 바로 통일 반대론자로 규정되었기 때문이다. 뿐만 아니라 통일 지원금에 대해서도 말할 수 없었다. 그러나 통일기금 사용에 대한 언론 보도가 있고 나서 분위기가 많이 바뀌었다. 특히 최근에는 좌파 우파를 막론하고 통일정책에 대해 비판적인 경향을 보이고 있다. 《슈피겔》, 《차이트》, 《쥐트도이체 차이퉁》 등의 중도 좌파 언론들은, 과거 동독에 대해서라면 일방적으로 호의적 논조를 보였었다. 하지만 최근에는 통일 지원금의 사용에 대해 상당히 비판적인 입장을 보이고 있다.

통일을 주제로 한 단행본도 최근 많이 발간되었다. 모두 통일 15주년이 되는 2005년 전후에 나온 것들이다. 이 중에서 언론의 관심을 가장 많이 끈 저서는 우베 뮐러의 《통일은 대형원자로》와 슈타인가르트의 《슈퍼스타의 몰락》이다. 둘 다 몇 달간 베스트셀러가 되어 독자 대중의 인기를 얻었던 책이다. 독일인들의 궁금증을 풀어 주는 내용이 기술돼 있었기 때문이었는데, 뮐러의 저서는 통일기금이 얼마나 잘못 집행되었는가를 적나라하게 파헤쳤다. 그리고 많은 통계자료를 제시하여 통일기금에 대한 독자들의 의문을 말끔하게 씻어준 글이라고 할 수 있다.

언론인인 슈타인가르트의 저서는 독일 경제가 왜 몰락했는지를 추적한 저서이다. 그에 따르면 세계 경제의 슈퍼스타였던 독일이 몰락하게 된 원인은 빌리 브란트가 과다하게 도입한 사회보장제도에 있다는 것이다. 빌리 브란트로부터 몰락하기 시작한 독일 경제는 통일을 계기로 가속되었는 것이다.

위의 두 저서가 젊은 세대의 저서라면 2006년에 발간된 리터의 《독일 통일의 대가》는 무게 있는 학술서에 해당된다. 부제가 '통일과 복지국가의 위기'인 리터의 이 저서에 따르면, 독일 통일은 독일 역사와 유럽 역사에서 중요한 장을 여는 계기가 되었다는 것이다. 그리고 독일의 법 제도를 그대로 동독에 적용함으로써 복지국가 체제가 위기에 처했다는 주장이다. 세 가지 저서 모두가 서독인들의 입장을 대변하는 글이라고 말할 수도 있다.

물론 동독인의 입장에서 콜 정부에 속아 통일을 이루었다고 주장하는 책들도 발행되었다. 동독인들이 쓴 이런 글들은 서독인들이 동독을 이용함으로써, 동독이 망하고 동독인들의 인생이 훨씬 어렵게 되었다는 것이다. 블레싱을 비롯한 세 명의 동독인들은 그들의 공동저서에, '서독의 빚. 동독이 어떻게 약탈당했는가'라는 아주 자극적인 제목을 붙였다. 벤첼도 그의 저서《통일 비용은 얼마인가. 누가 지불해야 하는가?》에서 동독인들의 입장을 대변하고 있다.

너무 가볍게 생각한 통일 비용

통일 비용이 이렇게 많이 들어갈지는 아무도 예상하지 못했다. 1990년 독일 통일이 가능할 수도 있다는 분위기가 조성되자, 여러 기관들이 통일 비용을 추정했다. 예를 들어 유럽연합은 1990년 2월에 독일 통일 비용을 연 1,900억 마르크(약 95조 원)가 필요하다고 추정했고, 국제통화기금은 동독이 서독 수준에 도달하려면 1조 5천억 마르크(약 750조 원) 내지 2조 마르크(약 1천조 원)가 필요하다고 추산했다. 이처럼 권위 있는 두 국제기관이 추정한 통일 비용은 무려 10배 이상의 차이가 난다.

대단한 권위를 가지고 있는 독일의 5개 경제연구소도 이렇게 많으리라고는 예상하지 못했다. 예를 들어 베를린의 독일경제연구소(DIW)는 5백억 마르크(약 25조 원), 다른 경제연구소의 경우는 150억(7조 5천억 원)에서 2백억 마르크(약 10조 원)가 들 것이라고 예측했다. 더욱이 이 비용의 대부분은 경제 활성화에 따른 세금으로 충분할 것이라고 전망했다. 이것을 보면 정치가뿐 아니라 경제연구소들도 낙관

적으로 계산했다는 것을 알 수 있다. 이들의 공통점은 동독 경제의 충격을 과소평가했다는 점이다.[57]

그나마 제일 근사치에 제일 가까운 것이 국제통화기금의 추정치이다. 그러나 이것도 현재까지 들어간 액수의 절반에 불과하다. 그럼에도 동독 경제는 아직도 서독 수준에 도달하지 못했고, 앞으로 시간이 얼마나 더 걸릴지 모르는 상황이다. 또한 얼마나 많은 액수가 동독에 더 지원되어야 할지 모른다. 그러므로 독일 통일 비용에 대해서 어떤 권위 있는 기관도 제대로 맞추었다고 할 수 없다.

1990년 독일 통일 직전에는 누구나 통일에 대해 한마디씩 했다. 여러 연구소들도 동독이 서독의 생활수준에 이르게 하는 데 얼마만큼의 재정이 필요한지에 대해서 말했다. 그러나 그 누구도 어떤 연구소도 통일 비용이 독일의 장래에 큰 부담이 된다고 말하지 않았다. 그 누구도 동독이 서독 수준에 이르는 데 상당한 시간이 걸린다고 하지 않았다. 모두가 낙관적이었다. 통일 비용이 독일의 장래에 큰 부담이 되리라고 생각한 사람은 아무도 없었다. 왜냐하면 독일 경제는 당시 튼튼한 편이었고 공공재정이 건전한 시기였기 때문이다.

모두가 서독이 동독 경제에 조금만 기여를 하면 동독은 곧 바로 경제적으로 독립할 수 있을 것이라고 생각했다. 뿐만 아니라 동독은 서부 유럽과 동부 유럽을 연결하는 산업의 중심이 될 수 있을 것이라고 믿었다. 즉 동독이 생산시설을 현대화하고 그간의 동구 경험을 이용하면, 동독은 새로운 산업 중심지로 부상할 것이라는 것이었다. 그래서 통일 비용은 동독에 대한 사적 투자와 경제 부흥에서 얻어지는 이익으로 감당할 수 있을 것이라고 예측했다.

독일의 경제연구소들도 통일 비용에 대해서는 낙관적이었다. 야당만이 콜 수상의 낙관적인 주장에 대해 비판을 가했다. 사민당은 통일 비용을 조달하기 위해서는 세금을 올려야 한다고 주장했다. 이에 대해 당시 콜 수상은 세금을 더 걷을 필요가 없다면서, "번영의 땅"에 의해서 통일 비용은 충족될 것이라는 낙관론을 폈다. 이런 주장의 배경에는 선거가 연관되어 있었는데, 국민들에게 불필요한 불안을 야기하지 않으려는 선거전략이 깔려 있었다.

빗나간 통일 목표

왜 통일 목표가 빗나갔나? 왜 동독 경제의 도약이 사실상 힘들게 되었나? 필자의 생각으로 가장 큰 원인은 모든 것이 정치적 계산하에서 이루어졌다는 점이다. 여기에 해당되는 것은 화폐 교환비율을 들 수 있다. 현실에 맞지 않게 1:1로 교환되면서 동독 제품의 가격이 340% 평가절상되었다.[58] 그리고 선거 직전에 동독 유권자를 의식한 지원책을 내놓았다.

그 다음으로는 모든 것이 너무 성급하게 진행되었다는 점도 중요하다. 그 원인은 동독 주민들의 불안감이 컸기 때문에, 통일이 빨리 진행이 되지 않으면 대규모 서독 이주로 이어질 가능성이 있었기 때문이다. 또 다른 변수는 소련의 고르바초프가 실각하게 될 우려도 없지 않았다. 만약 그런 사태가 일어난다면 상황이 바뀔 수도 있었기 때문이다. 그래서 그의 재임 중에 통일을 이루어야 한다는 계산이 있었다. 그러다 보니 서독 정부는 동독 재건의 청사진을 마련할 시간도 없었다. 서독의 각 경제연구소들은 정보를 수집하고 분석할 시간이 충분하지 않았다.

의회와 정당이 역할을 제대로 수행하지 못한 것도 큰 원인이었다. 모든 정당과 정치가들은 동독에 대해서 잘 안다고 믿었지만 실제로는 동독에 대해서 잘 모르고 있었다. 그러다 보니 콜의 정책에 대해서 비판만 가했지 대안을 제시할 수 없었던 것이다. 그래서 콜은 비공식 루트를 많이 이용하고 동독 대표와의 회담을 통해서 많은 부분을 결정했다.

어쨌든 통일은 이루어졌다. 당시 독일 정부의 고민은 동독 주민들이 서독으로 넘어오는 것을 어떻게 막을 것인가였다. 물론 이 고민은 지금도 지속되고 있다. 동독의 경제 기반을 가능한 빠른 시간에 마련하는 것이 급선무였다. 동독 주민들이 현지에서 경제생활을 하게 하여 서독으로 대량으로 몰려오는 것을 막는 일이 중요하다. 지속적으로 많은 사람들이 몰려올 경우 서독의 재정 문제뿐 아니라 주택 문제 등 각종 사회 문제가 발생하기 때문이다. 이런 사태를 막기 위해서는 동독 사람들이 서독에 오지 않고 살 수 있는 여건을 마련해 주는 것이 시급했다.

통일기금을 마련할 수 있는 방법은 여러 가지가 있다. 그중에서 정부에서 걷는 세금을 올리는 방법을 생각할 수 있지만, 정치적으로 부담이 따른다. 그래서 콜 수상은 통일 비용 마련을 위해서는 세금을 올리지 않겠다고 여러 번 선언을 했다. 불안해하는 서독 주민을 의식한 콜 수상의 선언에도 불구하고 세금은 지속적으로 인상되었다. 직접세의 인상 이외에도 부가가치세, 유류세, 담배세와 같은 간접세도 많이 인상되었다.

두 번째로 지출을 줄이는 방법이 있었다. 콜 정권은 각종 공공재정을 줄여 동독을 지원할 수 있는 방안을 찾으려고 했다. 하지만 각종 지원금이나 보조금을 축소하다 보니 서민들의 생활이 갈수록 어려워졌다. 마지막으로 가장 손쉬운 방법이 정부가 빚을 얻어 쓰는 것이다. 이는 유권자들이 쉽게 느끼지 못하기 때문에 정치가를 쉽게 유혹한다. 독일 정부도 통일기금을 마련하기 위해 이 방법을 많이 썼다.

그러나 콜의 약속과는 달리 콜 정권 때도 그랬고 사민당 정권도 세금을 계속 높였다. 그뿐이 아니다. 각종 보험분담액을 계속 높이면서도 혜택은 줄여 나갔다. 거기다 연금을 받을 수 있는 나이를 상향 조정했다. 예를 들어 남자는 65세부터 여자는 62세부터 연금을 받을 수 있었는데, 여자들의 연금 수혜 연령을 남자와 마찬가지로 65세로 조정했다. 즉 65세 이전에 실업자가 되거나, 조기 정년을 맞게 되면 정해진 액수보다 연금을 적게 받는다. 그러다 65세가 되면 원래 정해진 액수대로 연금을 받게 된다. 그나마 이것도 2005년 대연정에서는 연금 수혜 연령을 다시 67세로 조정하기로 했다. 그래서 67세 이전에 실업자가 되면 상당히 오랜 기간을 기다려야 연금을 제대로 받을 수 있게 된다.

더 큰 착오는 독일 신탁청에서 비롯된다. 신탁청의 임무는 동독의 국가 재산을 관리하는 것으로, 8천억 마르크 내지 1조 마르크로 추산되는 동독의 국가 재산을 민영화하는 것이었다. 독일 정부는 여기에서 발생할 것으로 추정되는 6천억 마르크를 통일 비용으로 쓸 수 있을 것이라고 생각했다. 이렇게 해서 통일 비용의 상당 부분을 동독 기업을 정리한 데서 얻을 수 있을 것이라고 믿었다. 그러나 1994년 12월 말에 신탁청이 업무를 종결하고 보니 흑자가 아니라 적자였다. 그것도 무려 2,564억 마르크(약 128조 원)의 손실이었다. 여기에 덧붙여 잘못된 계산으로 통일 비용은 더욱 늘었다.[59]

세금은 오르고 혜택은 줄어들고

통일 논의가 한창이던 1990년 초 콜 수상은 통일 비용을 결코 세금으로 마련하지 않겠다고 약속했다. 그것도 여러 번 강조했다. 그러나 그의 약속은 금방 거짓임이 드러났다. 통일이 되고 1년이 지난 1991년부터 새로운 세금과 부담금이 부과되기 시작했다. 예를 들어 1991년에는 실업보험료가 오르더니 1994년에는 연금보험료가 몇 퍼센트 올랐다. 늘어나는 동독의 실업 문제에 대처하기 위해서였다. 1991년에는 걸프전쟁을 핑계로 세금을 크게 올리더니, 1994년에는 유류세를 대폭 올렸다.

그뿐이 아니다. 직접세 이외에도 부가가치세, 유류세, 담뱃세와 같은 간접세도 인상되었다. 그것으로 그치지 않았다. 근로소득세도 무려 5.5%나 올랐다. 각종 세금과 보험료만 올린 것이 아니었다. 1995년부터는 온갖 통일기금이라는 명목하에 세금을 거두어들였는데, 이른바 '연대세'였다. 통일 이후부터 연대세가 유행하였다. 통일연대기금이니 무슨 연대기금이니 해서 명목상 세금 아닌 세금을 여러 곳에서 거두어들였다.

이것만으로는 부족했다. 독일 정부는 더 많은 돈이 필요했다. 당장 2007년부터 부가가치세가 무려 3%나 더 올랐다. 2006년까지의 16%도 통일 때문에 2%가 더 올랐던 것인데 그것도 부족해 19%로 더욱 높아졌다. 쉽게 말해 모든 물건이 3% 정도 비싸졌다는 뜻이다. 한 연구소의 계산에 따르면 이로 인해 1인당 부가가치세 부담률이 년 300유로(약 36만 원)가 될 전망이라는 분석이다. 이것도 통일 비용의 일부를 충당하기 위한 고육책으로, 동독 지원을 위해 정부가 빚을 많이 낸 결과이다.

2006년에는 독일 국기에 19%를 적어서 차 유리창에 꽂고 다니는 사람들을 간혹 볼 수 있었다. 독일 국기는 흑·적·황색인데 그중 황색을 잘라 버리고 흑·적색 위에 19%라는 숫자를 적었다. 흑색은 기민당을 상징하고 적색은 사민당을 상징한다. 이것은 기민당과 사민당이 대연정을 하더니 부가가치세만 19%로 올렸다는 뜻이다. 1991년의 경우 부가세는 총 세수의 27%였다. 2007년에는 34%에 이를 전망이다.[60] 부가세를 높이면 경기가 위축될 것이라고 경고했음에도 불구하고 올리지 않을 수 없는 처지였다.

통일기금을 충당하기 위해서는 각종 세금과 보험료를 올리는 것에 그치지 않는다. 감세 혜택이 2007년부터 대폭 사라진다. 예를 들어 주택의 경우 독일 정부는 국민들이 월세로 살 것이 아니라 자가를 지어 살 것을 권장하는 프로그램이 있다. 그래서 개인이 집을 지으면 독일 정부는 적지 않은 돈을 지원하고 세금 혜택을 주었었다. 이런 혜택이 2007년부터 없어진다. 그뿐이 아니다. 독일의 세금 제

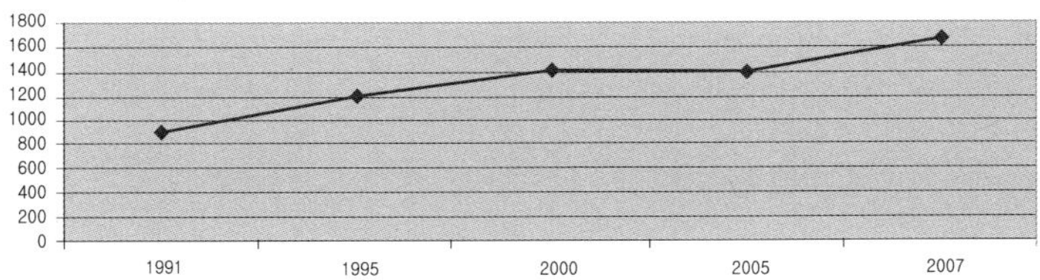

부가세 징수 현황(단위 억 유로)

도는 아주 복잡하다. 그래서 기업이나 개인이 세무사의 도움을 받는 것이 일반적이다. 이런 세무사 상담 비용은 그간 비용으로 계산되어 세금 감면 혜택을 받아 왔는데, 이 감세 혜택도 사라진다.

터져 나오는 서독인들의 불만

서독 지역 주민들은 통일 이야기만 나오면 고개를 설레설레 흔든다. 90년대 중반까지만 하더라도 서독 주민들은 지금과는 다른 반응을 보였다. 통일 직후부터 서독 주민들은 각종 세금과 각종 분담금이 높아졌기 때문에 개인생활을 보다 더 검소하게 꾸려 나가야 했다. 그렇지만 대부분의 사람들은 속으로는 불만이 있더라도 겉으로는 태연한 척했다. 조금만 더 참으면 원래 상태로 돌아가, 세금이 좀더 낮아지고 각종 분담금도 줄어들 것이라고 믿었다. 아니면 동독 지역의 경제가 나아져 사정이 좋아질 것이라고 믿었다.

그러나 90년대 말부터는 사정이 달라졌다. 서독 주민들은 통일 관련 각종 세금에 진력이 났다. 언제까지 세금을 이렇게 내야 하는지 불만이 이만저만이 아니었다. 서독 사람들의 인내도 점차 한계에 도달했다. 공개적인 자리에선 조심스럽게 말하지만, 사석에서는 분통을 터뜨렸다. 통일로 인해 개인 부담이 많다고 느꼈기 때문이다. 더욱이 언제까지 동독 재건을 위해서 통일기금을 내야 할지 끝이 보이지 않았기 때문이다.

세금이 계속 올라가고 연금보험·의료보험·실업보험 등 각종 보험료도 계속 올라갔다. 참을성 많기로 소문난 독일인이지만, 이쯤 되면 화가 나지 않을 수 없는 모양이다. 개인 경제가 통일로 인해서 적지 않은 타격을 입었기 때문이다. 더욱이 동독 사람들은 서독 사람들의 지원에 별로 고마워하지도 않는다. 오히려 속아서 통일을 하고 난 뒤 생활이 더 어려워졌다고 불만스러워 한다. 그러면서도 동독 재건을 위해서는 더 많은 지원이 있어야 한다고 주장한다. 한국 사람들이라면 벌써 거리로 시위를 나섰을 것이다.

통일 이후 서독 주민이 낸 세금으로 동독의 고속도로는 확장되고 신설되어 서독보다 시설이 더 좋다. 공공시설도 최근에 보수를 해 서독보다 낫다. 필자가 다녀 본 몇몇 동독의 대학들도 서독보다 시설이 훨씬 낫다. 출입문도 전자식에다 자동문이며, 책걸상과 사무기기 등도 최신 기종이다. 이런 것들이 서독인들의 일상 대화에서 화제가 된다.

사정이 이렇게 되자 점차 서독의 여러 곳에서 불만이 터져 나오기 시작한다. 서독 정치가들도 서독도 좀 살아야 된다고 목소리를 높여 가고 있다. 이런 불만은 이미 1996년 초 서독의 루르 지역에서 터져 나왔다. 루르 지방은 라인강 기적의 중심이면서도 변화된 경제 환경으로 인해 대규모 실업자가 발생했다. 이들은 사정이 어려운 것은 자신들도 마찬가지인데 동독에 비해 지원이 적다는 것이었다. 그러니 동독 중심으로 지원하지 말고 동서독의 빈한한 지역에 골고루 지원해 달라는 주장이었다. "지역을 중심으로 지원 정책이 정해져서는 안 된다. 재정과 구조면에서 빈약한 동서독의 각 지역 자치단체는 통합촉진법에 따라 재정 지원을 받아야 한다." 서독의 지방자치단체들은 1993년부터 통일 재정 때문에 부담을 느끼기 시작했다.[61]

모두가 불만스런 통일

통일에 대해서 서독 사람들만 불만인 것은 아니다. 동독 사람들도 불만스럽다. 아니 동독 사람들의 불만족도가 더 높다. 동독 주민들은 바뀐 자본주의 환경에 적응을 하지 못해 아주 불안해하기 때문이다. 다음은 한 동독인의 마음을 읽을 수 있는 인터뷰이다.

> 혼자서 자식을 키우는 엄마인 나는 아이 양육비로 매달 450유로(약 56만 원)를 받는다. 이 돈으로는 집에서 아이만 키우고 있을 수가 없다. 나는 출산 후 10주 만에 다시 일터로 나가 주당 30시간을 일했다. 사회 체제 전체가 엉망진창이다.[62]

2006년의 한 조사에 따르면 동독 주민들의 불만족도가 통일 이후 가장 심각한 것으로 나타났다. 응답자 중 8%만이 자신의 미래가 나아질 것이라고 기대했고, 38%는 자신의 상황이 더욱 나빠질 것이라고 대답했다. 그리고 45%의 응답자는 불안과 희망을 동시에 가지고 있다고 했다. 이 분석에 따르면 동독 사람의 80%가 자신의 미래 상황에 대해 불안해한다는 것이다.[63]

서독인들의 불만은 비교적 간단하다. 세금이 자꾸 늘고 각종 분담금이 높아지기 때문이다. 이에 반해 동독 주민들의 불만은 비교적 복잡하다. 물가가 많이 올라서 물질적인 상황이 나빠졌는데 더 나빠질 것이라는 생각에서 불만스럽다. 그 이외에도 사회주의하에서는 범죄율이 비교적 낮았지만 통일 후에는 많이 높아졌다. 예를 들어 서독 지역에서는 일반 범죄가 20% 증가한 반면에 동독 지역에서는 4~5배 증가했다. 동독 주민들은 과거의 신뢰성 높은 치안 상태와 국가의 보호망을 그리워하고 있다. 독일의 제2TV 방송에 따르면 25세 이하의 동독 젊은이들 중에서 33%는 아예 과거 동독으로 되돌아가기를 원한다는 것이다.[64]

최근 통계에 의하면 동독인의 88%가 동독 재건은 실패했다고 답했다. 서독인들도 2004년 5월의 한 통계조사에서 60%가 동독 재건에 실패했다고 답하고 있다.[65] 1,500만 명이 사는 동독을 재건하는 것이 독일의 목표였다. 즉 공산당 정권에 의해서 파산 지경에 이른 경제를 일으키고, 파괴된 자연과 허물어진 도시와 마을들을 복구한다는 구상이었다. 동독의 경제가 부흥할 수 있도록 조금만 도와주면 동독은 동서 유럽 경제의 핵이 될 것이라는 것이 애초의 기대였다. 하지만 이 원대한 꿈이 진작에 깨어졌다는 것을 우리는 앞에서 보았다.

동독 주민들은 물질적으로 만족스럽지 못하여 현재의 상황과 미래에 대해서 매우 불안해한다. 충분히 이해할 수 있다. 실업률은 높고, 현재의 일자리도 안전하다고 할 수 없다. 거기다 수입에 비해 물가는 자꾸 오르고 생활은 자꾸 궁색해진다. 범죄율도 점점 높아져 불안감을 부추긴다. 더군다나 젊은이들은 일자리를 찾아 자꾸 고향을 떠나는 실정이다. 이러다 도시 전체가 폐허로 변하는 게 아닌지 불안하다. 이런 온갖 불안감 때문에 많은 동독인들이 향수를 갖는다. 이를 독일어로는 '오스탈기'라고 한다. 동쪽을 의미하는 '오스트'와 향수를 의미하는 '노스탈기'의 합성어이다.

2007년에도 독일 사람들의 세금 혜택은 많이 줄어들었다. 독일 정부가 더 많은 돈을 필요로 하기 때문이다. 지금까지 세금이 높아진 것 외에 온갖 세금 혜택이 차례로 없어졌다. 이제 독일 주민들은 이런 것에 대해 둔감해져 버렸다. 서독 주민들은 언제까지 동독을 지원해야 될지 모르는 상황에 대해 매우 답답해하고 있다. 그렇지만, 답답해하면서도 주어진 상황하에서 절제하면서 살아가는 서독인들을 보면 안쓰럽기도 하고 존경스럽기도 하다. 모두가 통일이 가져다 준 부산물이다. 부산물치고는 부정적인 영향력이 너무 크다.

동독에 아직도 희망은 있는가

개인이나 집단에 '희망'이 있는가는 여러 측면에서 따져볼 수 있다. 그러나 여기서는 경제적인 측면에서 알아보고자 한다. 물론 개인이나 집단의 미래가 전적으로 경제 상황에 따라 좌우되는 것은 아니다. 하지만 동독인들이 현재 갖고 있는 불안감은 주로 경제적 요인과 직접 연관이 있기 때문이다.

동독에 '희망'이 있는가에 단호하게 답하면, 매우 부정적일 수밖에 없다. 동독의 경제 상태가 나아질 가능성이 거의 없기 때문이다. 드레스덴, 라이프치히, 예나, 포츠담 등 몇몇 지역은 긍정적인 징후가 보이지만 다른 지역은 그럴 기미가 전혀 없다. 이는 전문가들에게 실시했던 설문조사에서도 알 수 있다. 2004년 전문가 5백 명에게 물었더니 4%만이 동독이 2030년까지 서독 수준으로 발전할 것이라고 대답했다.[66]

여러 이유 중에서 우선 동독에는 많은 사람을 고용할 수 있는 대기업이 없다. 구 동독 시절에 5만 명 이상이 일했던 기업은 9개였는데 현재는 하나도 없다. 3만 명에서 5만 명 사이의 종업원이 일하던 회사도 통일 전에는 18개나 되었지만 지금은 하나도 없다. 1만 명에서 3만 명 사이의 기업은 72개였는데, 2004년 말에는 단 한 개의 기업만 남았다. 그 한 곳은 '바텐팔 유럽'이라는 전기 공급 회사이다. 5천에서 1만 명 사이 규모의 회사는 통일 전 46개였는데, 2004년에는

단지 4개만 남았다.[67]

큰 규모의 공장이 없으니 실업자 문제를 해결하기가 쉽지 않다. 거기다 더 심각한 문제는 동독에 신규 투자가 투입될 가능성이 아주 낮다. 기존 공장이 증설될 가능성을 배제하긴 힘들겠지만, 새로운 투자 가능성은 극히 적다. 서독 내에 있던 공장들도 임금이 낮은 동구로 이전하는 마당에 굳이 동독에 공장을 세울 이유가 없다. 동독 임금이 동구보다 훨씬 비싸기 때문이다. 유럽연합의 확장 이후 유럽의 수많은 공장들이 임금이 싼 동구로 이전하고 있다.

동독의 경제가 발전하기 어려운 이유는, 우선 동독에 새로 지어진 회사와 공장들 대부분이 자회사들이다. 때문에 독자적인 투자 결정이나 영업 전략 수립이 어렵고, 연구를 수행하기도 어렵다. 모든 결정이 모회사에 의해 이루어지기 때문이다. 동독 회사들 중 살아남은 회사는 규모가 매우 작다. 뿐만 아니라 몇몇 성공 사례를 만든 회사들도 신규 채용 규모가 적어 동독 발전에 큰 영향을 미칠 수 없다. 현재의 상황이 바뀌려면 우선 유능한 인적 자원이 많아야 한다. 그런데 젊은이들이 서독과 다른 유럽 국가들로 취업을 떠나는 것이 문제이다. 현재 동독에는 약 1백만 채의 주거시설(아파트 또는 단독주택)이 비어 있다. 작은 도시들의 경우 폐허와 다름없이 변한 곳이 한둘이 아니다. 많은 지방자치단체들은 외부의 지원이 없으면 학교와 병원마저 문을 닫아야 할 형편이다. 동독 재건의 또 다른 걸림돌은 이처럼 사람이 떠나는 것이다. 일자리가 없으니 굳이 고향에 남을 이유가 없다.

그 외 동독 재건의 걸림돌은 동독 주민들의 의식에 아직도 사회주의 습성이 많이 남아 있다는 점이다. 서독인들에 비해서 책임의식은 약한 반면 집단주의적 성격이 강하다. 때문에 어떤 사안을 개인이 결정하고 그에 따른 책임을 지는 것보다는 수동적으로 일을 처리하는 경우가 일반적이다. 앞에서 보았듯이 동독 주민들이나 정치가들은 자신들의 힘으로 재건을 하기보다 남의 돈과 힘으로 일을 처리하는 것에 익숙하다. 이것이 동독 재건을 방해하는 눈에 보이지 않는 걸림돌이라고 할 수 있다. 필자는 1998년 동독을 돌아보고서 1세대는 지나야 통일이 제대로 이루어질 수 있을 것이라고 생각했다. 하지만 실제 자본주의 질서에 맞는 심성을 갖고 생활을 하려면 그보다 더 오랜 세월이 필요할 것이다.

2005년 통일 15주년 행사 때 독일 대통령 쾰러는 "경제, 재정, 인구이동의 이유에서 약속은 지킬 수 없게 되었다"고 말했다. 이것이 동독 재건에 대한 결론이 될 수 있을 것이다.[68] 2차 세계대전 전에는 독일의 경제 및 문화의 중심지였던 동독 지역은 이렇게 해서 독일의 후진 지역으로 당분간 남아 있을 것이다. 특히 일부 지역은 주민들이 급속히 줄어들어 폐허로 변할 것이다. 그래서 동독 재건은 머나먼 이야기가 되고 있다.

| 제4장 |

독일 통일에서 배울 수 있는 것: 결론을 대신하여

한반도에도 통일이 실현될지 안 될지 현재로서는 아무도 정확하게 예측할 수 없다. 독일처럼 어느 날 불쑥 찾아올 수도 있을 것이고, 아니면 수많은 노력 끝에 이루어질 수도 있을 것이다. 아니면 다음 세대로 연기될 수도 있을 것이다.

우리는 독일에서 무엇을 배울 수 있을 것인가. 물론 한반도의 사정은 독일의 사정과 다르다. 남한이 서독이 아니고 북한이 동독이 아니기 때문이다. 그럼에도 한쪽은 자유 민주주의에 기초하고 있고, 다른 한쪽은 사회주의 체제를 유지하고 있다. 그리고 한쪽은 자본주의 질서에 기반하고 있고 다른 한쪽은 중앙통제 체제를 유지하고 있다. 이런 점에서 본다면 독일과 한반도는 많은 차이에도 불구하고 중요한 공통점을 가지고 있다.

통일은 국제 문제 독일은 처음부터 동독과 서독 사이의 통일을 국제 문제로 생각했다. 이는 서독 정부든 통일에 급박해진 동독 주민이든 모두가 그렇게 생각했다. 통일 문제가 이슈화가 된 다음에도 모두가 동독과 서독 간의 문제라고 하지 않았다. 그래서 서독 정부는 제2차 세계대전의 전승 국가들과 이웃국가들로부터 동의를 얻으려고 많은 노력을 기울였다.

한반도의 사정은 물론 독일과는 다르다. 독일은 전범 국가이지만 우리나라는 정반대이다. 또 독일은 유럽 제1의 강국이지만 우리나라는 강대국 중간에 놓여 있는 작은 국가이다. 이런 차이에도 불구하고 남북한의 통일은 남북 간 당사자의 문제만은 아닐 것이다. 어느 이웃국가도 그렇게 보지 않을 것이다. 그런 의미에서 통일을 한반도 내의 문제라고 주장하는 것은 통일을 촉진시키는 것이 아니라 오히려 방해 요소로 작용할 수 있다.

통일정책이 선거용으로 되어서는 안 된다 전문가들의 반대에도 불구하고 콜은 화폐 교환비율을 1:1로 정했다. 이것은 정치적 결정이었으며, 어느 정도 이해할 수 있는 측면도 있다. 동독인들의 이주를 막기 위한 의도가 강했다는 점 때문이다. 그러나 바로 이 때문에 동독 경제는 하루아침에 경쟁력을 잃게 된다. 동독의 경제적 파탄은 바로 여기서 시작된 것이다.

콜은 이런 결정을 선거 직전에 내렸다. 물론 이것으로 동독의 선거 판세는 완전히 뒤집혀졌다. 동독 주민들은 그의 결정에 고마워하며 환호했다. 그러나 그 기쁨은 잠시였고 동독 경제는 지금도 바닥을 헤어나지 못하고 있다. 젊은이들은 고향을 떠나고 남아 있는 사람들은 좀 심하게 말해 실업자와 노인들뿐이다. 정치인들은 모든 것을 선거에 이용하려 한다. 통일정책을 정략적으로 이용하는 것을 막지 못하면 나라 전체가 오랫동안 헤매게 된다.

주민들의 집단 이주는 일단 막아야 한다 동독 정부가 무기력하게 무너진 것은 주민 이탈 때문이다. 동독이 건국된 이래로 줄곧 고민했던 문제가 주민들의 서독 이주였다. 떠나는 주민들을 막으려 베를린 장벽을 쌓기도 했다. 호네커 시절에는 주민 복지를 높여서 주민들의 이동을 막으려고 했지만 결과적으로 빚만 많이 지게 되었다. 1989년 동독 정부가 식물인간 상태가 된 것도 떠나는 주민을 막을 방법이 없었기 대문이다.

서독 정부의 고민도 동독 정부와 마찬가지였다. 어떻게 하면 동독 주민의 대량 이주를 막느냐는 것이었다. 동독 주민의 이주를 막으려고 화폐 개혁을 무리하게 추진했다. 동독에 일자리를 만들어 그곳에 살게 함으로써 동독 주민의 서독 이주를 막으려 했다. 만약 한반도에 변화가 생긴다면 주민 이동 문제에 어떻게 대처하느냐가 중요한 문제가 될 것이다. 여기에는 현실적 문제와 인도적 차원의 문제가 상충할 것이다. 독일의 경우에서 알 수 있듯이, 노동력 있는 사람들이 한곳으로만 몰려들면 다른 한곳은 폐허 지경으로 변하게 되는 등, 그 대가가 엄청나다.

확인 없는 보조금은 금물 떠나는 주민을 막으려면 인프라 개선이 필요하다. 또 주민들에게 일자리를 갖게 하는 것이 아주 중요하다. 그러나 동독 재건이 실패한 이유에서 알 수 있듯이 재정 지원을 할 때는 반드시 사후 점검이 필요하다. 즉 돈이 목적에 맞게 쓰였는지 확인해야 한다. 이는 동독의 경우에만 해당되는 것이 아니다.

서독에는 2차 세계대전 후 프랑스에서 편입된 자르란트라는 작은 주가 있다. 서독 정부는 경제 구조가 취약한 이곳에 지금까지 수많은 돈을 쏟아 부었다. 그럼에도 사정은 점점 더 어려워졌다. 남부 이탈리아의 경우도 마찬가지다. 북부 이탈리아에서 백 년 이상 돈이 흘러갔지만 남부와 북부의 차이는 여전히 극복되지 않고 있다. 그래서 북부 이탈리아를 남부 이탈리아와 분리하자는 운동도 벌어지고 있다. 강조하자면, 동독 재건의 실패에서 배울 수 있는 것은 청사진에 따라 돈을 투입하고 사후 확인 절차가 반드시 필요하다.

서독 인재를 동독에 파견 서독에서 온 수많은 사람들이 동독에서 일하고 있다. 공무원들과 법조인들도 있고 교육계와 개인 기업에도 많이 있다. 이들은 동독에서 채용된 사람들보다 약 20%의 월급을 더 많이 받는다. 서독 사람들이 동독으로 가지 않으려고 했기 때문이다. 나쁘게 표현하면 서독 점령군이라고도 할 수 있는 사람들이다. 그런데 달리 보면 서독 사회의 지식을 빨리 동독에 이식시키는 일을 담당하고 있는 것이다.

동독 사회는 서독 사회에 적응하는 시간이 짧으면 짧을수록 좋다. 그런데 사회주의 체제에 살던 동독 사람들은 자본주의 원리를 모른다. 양쪽 모두의 심리적 불편함에도 불구하고 서독 사람들을 동독으로 보내 일하게 한 것은 과도기를 짧게 하는 데 많은 도움이 된다. 이들은 해당 분야에서 서독 사회의 지식을 전달해 동독의 생산성을 높이는 데 매우 중요한 역할을 한다. 서독 인재를 동독에 파견한 것이 동독의 실업률을 더 높였다고 비판할 수도 있다. 그러나 이것은 동독 사회를 짧은 기간 내에 합리화시키고, 생산성을 빠른 시간 내에 높이는 방법이 될 것이다.

자본주의 심성을 교육하는 것이 중요하다 동독 사람의 심성은 사회주의 교육 체계하에서 이루어졌다. 그래서 수많은 동독 사람들은 자본주의 질서에 적응하는 데 문제가 있다. 앞에서 잠시 언급했듯이 동독에서 자란 사람들로서는 자본주의 심성 습득이 쉽지 않다. 태어나면서부터 국가는 개인에게 교육에서부터 직장까지 모든 것을 마련해 주었었기 때문이다. 그래서 동독 사람들은 서독 사람들보다 책임감이 약하고 소극적이다.

사회주의 체제하에서 성장한 사람들은 자본주의를 타도의 대상으로 삼았다. 또 돈을 버는 행위에 대해 반감을 갖는 경우가 흔하다.

이런 태도로는 자본주의에 적응하기가 쉽지 않다. 그래서 자본주의에 대한 적대감을 완화시키는 교육이 필요하다. 그래야 이들이 새로운 질서에 적응함으로써, 적어도 체제 변화로 인해 생겨날 수 있는 사회 갈등이나 개인의 불만도 줄일 수 있을 것이다.

길거리에서 통일정책이 결정되는 것을 피해야 한다 독일 통일은 실제 길거리 데모대가 처음 시도했다고 말할 수 있다. 라이프치히의 니콜라이 교회의 평화 기도모임이 시발점이 되어 정부 정책을 반대하는 시위가 전국적으로 확산되었기 때문이다. 라이프치히에서 매주 월요일마다 벌어진 반정부 시위는 점차 동독 전역으로 확산되었다. 그것이 동독 몰락의 시작이었다. 그 후 데모대는 통일 분위기를 확산시켰고, 자신들이 원하는 방향으로 통일 정책이 결정되지 않으면 모두가 서독으로 이주하겠다고 협박 아닌 협박을 했다.

대규모 이주를 걱정한 서독 정부는 화폐 교환비율을 정치적으로 결정했다. 이런 정치행위가 결정적으로 동독을 몰락으로 몰고 갔다는 것을 앞에서 보았다. 또한 동독 내의 많은 국가적 사안들이 데모대의 요구에 따라 결정되는 일이 자주 있었다. 이처럼 데모대가 정책을 결정하는 일은 피해야 할 것이다. 데모가 효과 있다는 것을 알게 되면 모두가 길거리로 나설 것이기 때문이다.

참고문헌

—— 바이덴펠트 외(편). 《독일통일백서》. 임종헌 외 옮김. 한겨레신문사, 1998.

—— 서울대행정대학원통일정책연구팀. 《남과 북 뭉치면 죽는다》. 랜덤하우스 중앙(주), 2005.

—— 오승구. 《독일 경제위기를 어떻게 볼 것인가. 사회적 시장경제체제와 슈뢰더의 개혁정책》. 삼성경제연구소, 2005.

—— 이태욱. 《두 개의 독일—독일 통일과 경제·사회적 부담》. 삼성경제연구소, 2001.

—— 임종대 외. 《독일이야기 2》. 거름출판사, 2000.

—— 베르너 캄피터. 《경제통합 이후 동독 경제의 붕괴, 통일 독일의 사회 경제적 변화》. 후리드리히 에베르트 재단, 1992.

—— Bisky, Jens. *Die deutsche Frage. Warum die Einheit unser Land gefährdet.* Berlin 2005.

—— Blessing, Klaus u.a.. *Die Schulden des Westens. Wie der Ost Deutschlands ausgeplündert wird.* 3. Auflage. Berlin 2006.

—— Ritter, Gerhard A.. *Der Preis der deutschen Einheit. Die Wiedervereinigung und die Krise des Sozialstaates.* München 2006.

—— Rusch, Claudia. *Meine freie Deutsche Jugend.* Frankfurt am Main 2003.

——Steingart, Gabor. *Deutschland. Der Abstieg eines Superstars.* München 2004.

——Heyne. *So lachte man in der DDR. Witze und Karikaturen.* München 9. Auflage 2001.

——Tetzlaff, Michael. *Ostblöckchen. Eine Kindheit in der Zone.* München 2005.

——Wenzel, Siegfried. *Was kostet die Wiedervereinigung? Und wer muß sie bezahlen?.* Berlin 2003.

주註

1 《*Die Zeit*》. 2007년 4월 26일.

2 서울대행정대학원통일정책연구팀. 《남과 북 뭉치면 죽는다》. 랜덤하우스중앙(주), 2005. 85쪽.

3 http://www.dhm.de/lemo/html/DieDeutscheEinheit/WandelImOsten/der40Jahrestag.html에서 2007년 6월 9일 따옴.

4 Bisky. *Die deutsche Frage. Warum die Einheit unser Land gefährdet*. Berlin, 2005. 47쪽.

5 Rusch. *Meine freie Deutsche Jugend*. Frankfurt am Main, 2003. 129쪽.

6 Tetzlaff. *Ostblöckchen. Eine Kindheit in der Zone*. München, 2005. 58~59쪽.

7 이태욱. 《두 개의 독일—독일 통일과 경제·사회적 부담》. 삼성경제연구소, 2001. 29쪽.

8 이태욱. 앞의 책, 24쪽, 98쪽.

9 이태욱. 앞의 책, 129쪽.

10 캄피터. 《경제통합 이후 동독 경제의 붕괴, 통일 독일의 사회 경제적 변화》. 후리드리히 에베르트 재단, 1992. 9쪽.

11 이태욱. 앞의 책, 152~3쪽.

12 이태욱. 앞의 책, 145쪽.

13 캄피터. 앞의 글 17쪽.

14 이태욱. 앞의 책, 160쪽.

15 이태욱. 앞의 책, 133~4, 159~160쪽.

16 Müller. 83~4쪽.

17 이태욱. 190쪽.

18 *So lachte man in der DDR. Witze und Karikaturen*. München 9. Auflage, 2001. 18쪽.

19 Steingart. *Deutschland. Der Abstieg eines Superstars*. München, 2004, 245쪽 참조.

20 Müller. 90~91쪽.

21 Müller. 100쪽.

22 《*Süddeutsche Zeitung*》. 2007년 1월 12일, 11면.

23 독일 통계청. Datenreport 1999. 98쪽과 Müller 99쪽을 참조.

24 Müller. 101쪽.

25 Müller. 100~1쪽.

26 《*Westfälische Nachrichten*》. 2007년 4월 20일자.

27 Bisky. 46쪽.

28 Müller. 122쪽 참조.

29 《*Die Zeit*》. 2006년 10월 12일.

30 Kampfer. Übergänge. *Vor der DDR zur Bundesrepublik Deutschland*. Wien Köln Weimar, 2006. 98쪽.

31 〈Spiegel Online〉 18.September, 2006.

32 《*Spiegel*》. 2004년 15호, 25쪽.

33 《*Süddeutsche Zeitung*》. 2007년 1월 8일.

34 우베 안데르센, 〈통일재정〉. 바이덴펠트 외 엮음. 《독일통일백서》, 임종헌 외

옮김, 한겨레신문사, 1998. 323쪽.

35 《*Süddeutsche Zeitung*》. 1월 17일.

36 《*Süddeutsche Zeitung*》. 2007년 1월 17일.

37 Steingart, Gabor. *Deutschland. Der Abstieg eines Superstars.* Muenchen, 2004. S. 60.

38 Müller. 151쪽.

39 《*Spiegel*》. 2004년 15호.

40 《*Die Zeit*》. 2006년 8월19일.

41 SZ, URL: /finanzen/artikel/911/92819/article.html. Datum und Zeit: 28.11.2006-03:04

42 SZ, URL: /finanzen/artikel/465/90375/article.html Datum und Zeit: 28.11.2006-04:03

43 Müller. 174~5쪽.

44 Müller. 182~3쪽.

45 Müller. 178~9쪽.

46 Bisky. 81쪽.

47 Müller. 124쪽.

48 Müller. 164쪽.

49 Müller. 176쪽.

50 Müller. 161~2쪽.

51 Müller. 169쪽.

52 Müller. 158쪽.

53 Müller. 169쪽.

54 《*Spiegel*》. 2006년 43호.

55 앞의 책.

56 Müller. 154쪽.

57 이태욱. 139~140쪽.

58 《*Süddeutsche Zeitung*》. 2007년 1월 8일.

59 투레크. 《신탁청》. 바이덴펠트 외 엮음. 앞의 책, 308쪽.

60 《*Frankfurter Rundschau*》. 2006년 10월 23일.

61 우베 안데르센, 〈통일재정〉. 바이덴펠트 외 엮음. 앞의 책, 325쪽.

62 Kampfer. 앞의 책, 102쪽.

63 이것은 국민복지연대(Wohlfahrtsverbands Volkssolidarität)가 시행했다. SZ 2007년 1월 17일.

64 2007년 1월 18일자 뉴스.

65 Emnid-Umfrage.

66 Bisky. 앞의 책, 50쪽.

67 Müller. 191쪽.

68 Müller. 21쪽.

이기식

고려대학교 독어독문학과와 동 대학원 석사과정을 졸업하고 독일 프랑크푸르트 대학교에서 문학박사 학위를 취득했다. 저서로 《포스트모더니즘의 비판적 이해》, 《D-LINK: Deutsche Landeskunde in Korea》, 《독일 통일 20년》이 있으며, 역서로는 《발터 벤야민-그의 생애와 시대》, 《천재와 광기》, 《데미안/클링조어의 마지막 여름》, 《관념론 미학 비판》 등이 있다. 현재 고려대학교 독어독문학과 교수로 재직 중이다.

독일 통일 15년의 작은 백서

초판발행 2008년 1월 18일
초판 3쇄 2015년 9월 10일
지은이 이기식
펴낸곳 고려대학교출판문화원
www.kupress.com
kupress@korea.ac.kr
02841 서울특별시 성북구 안암로 145
02-3290-4230, 4232
Fax 923-6311
찍은곳 네오프린텍(주)

ISBN 978-89-7641-638-4 04300
ISBN 978-89-7641-615-5 (세트)

값 7,000원